COLEÇÃO ENFOQUES
Filosofia
Alain Renaut

O indivíduo

Reflexão acerca da filosofia do sujeito

2ª EDIÇÃO

Tradução
Elena Gaidano

DIFEL

Copyright © Hatier, 1995
Título original: *L'individu*
Capa: Raul Fernandes
Editoração: DFL

2004
Impresso no Brasil
Printed in Brazil

CIP-Brasil. Catalogação-na-fonte
Sindicato Nacional dos Editores de Livros, RJ.

Renaut, Alain
R327i   O indivíduo: reflexão acerca da filosofia do sujeito / Alain Renaut;
2ª ed.   tradução Elena Gaidano. – 2ª ed. – Rio de Janeiro: DIFEL, 2004.
         112p. – (Coleção Enfoques. Filosofia)

         Tradução de: L'individu
         Inclui bibliografia
         ISBN 85-7432-001-3

         1. Individualismo. 2. Filosofia francesa. I Título. II. Série

                                                    CDD – 141.4
98-0742   CDU – 17.035.1

Todos os direitos reservados pela:
EDITORA BERTRAND BRASIL LTDA.
Rua Argentina, 171 – 1º andar – São Cristóvão
20921-380 – Rio de Janeiro – RJ
Tel.: (0xx21) 2585-2070 Fax: (0xx21) 2585-2087

Não é permitida a reprodução total ou parcial desta obra, por quaisquer meios, sem a prévia autorização por escrito da Editora.

Atendemos pelo Reembolso Postal.

Sumário

INTRODUÇÃO: HETEROGÊNEA MODERNIDADE 5
   1. Uma "nova liberdade" 6
   2. O nascimento do humanismo e a exigência de autonomia 8
   3. Autonomia e subjetividade 14
   4. O paradigma individualista 19

I. IRRUPÇÃO DO INDIVÍDUO 25
   1. Igualdade *versus* hierarquia 26
   2. Liberdade *versus* tradição 28
   3. A cultura enquanto problema 31

II. A DISCUSSÃO FRANCESA DO INDIVIDUALISMO 39
   1. A cultura do indivíduo: Gilles Lipovetsky 43
   2. O intelectual nas sociedades democráticas 51
   3. A barbárie individualista: Alain Finkielkraut 52
   4. Contra o neotocquevilismo: autonomia e independência 59

5. Uma ética do indivíduo? 66
6. Dificuldades do neo-heideggerianismo:
   o esquecimento do sujeito 73

III. O FUNDAMENTO FILOSÓFICO DO INDIVIDUALISMO 77
   1. O modelo monadológico 77
   2. As duas modernidades 82
   3. Autonomia e finitude:
      o sujeito enquanto aspiração do indivíduo 84

CONCLUSÃO 89
BIBLIOGRAFIA 111

Introdução

HETEROGÊNEA MODERNIDADE

A enigmática liberdade dos Modernos

A noção de indivíduo emerge do mais longínquo passado da reflexão filosófica. Exemplos apontáveis para comprovar esse fato são múltiplos e conhecidos. Citemos alguns, apenas para avivar a memória: já no mundo antigo, Cícero denominava usualmente "indivíduo" (*individuum*) cada um dos indivisíveis corpúsculos, os "átomos", que Demócrito e Epicuro haviam tomado como princípios dos corpos visíveis; no século 14, Guillaume d'Occam, contrariando a herança aristotélico-tomista, sustentava que o universal era mero signo ou "nome", remetendo a ele apenas o que existe, ou seja, os indivíduos.

No antigo atomismo ou no nominalismo medieval, nada há, portanto, comparável, em matéria de valorização do indivíduo, àquilo que apenas a moderna concepção do mundo testemunhou. Tanto que, em muitos aspectos, é mediante a afirmação do indivíduo enquanto princípio e enquanto valor (o individualismo, se se

O indivíduo

quiser) que o dispositivo cultural, intelectual e filosófico da modernidade pode simultaneamente caracterizar-se em sua originalidade mais evidente e interrogar-se a respeito de alguns de seus enigmas mais temíveis. E isso acontece por vários motivos que, no fundo, remetem à apreensão específica da liberdade, da qual os Modernos, a partir do humanismo do Renascimento ou do cartesianismo, foram os geniais inventores, ainda que tenham também contribuído, mais do que todos os outros, para embaralhá-la e, mesmo, traí-la.

1. Uma "nova liberdade"

Há muito tempo estabeleceu-se a convicção de que uma inédita representação da liberdade humana se deu com a modernidade. Hegel já observava que, se os Antigos se sabiam livres enquanto cidadãos, nem Platão, nem Aristóteles souberam que o homem enquanto tal é livre: "A exigência infinita da subjetividade, da autonomia do espírito em si era desconhecida dos atenienses."[1] O próprio Heidegger, apesar de tudo o que o opõe a Hegel, reassumiria essa tese, evocando a liberdade moderna como uma "nova liberdade" e descrevendo-a, ele também, em comparação ao "desabrochar

---

[1] G. W. F. Hegel, *Leçons sur l'histoire de la Philosophie* (Lições acerca de história da filosofia), Introdução, I, Gallimard, 1954.

Introdução

do Ser enquanto subjetividade", bem como à idéia de uma "legislação autônoma da humanidade": "Na nova liberdade, a humanidade quer assegurar-se do desenvolvimento autônomo de todas as suas faculdades para exercer seu domínio sobre toda a Terra."[2]

Em vez de questionar de forma demasiadamente direta, porque excessivamente ingênua, a pertinência que tal concepção de humanidade é suscetível de conservar em relação às exigências do pensamento contemporâneo, é mister enfrentar duas questões levantadas pela insistente correlação entre a modernidade e essa pretensão a uma liberdade concebida em termos de autonomia:

— Em primeiro lugar, em que medida é de fato uma "nova liberdade" a que irrompe, desconhecida de Platão ou de Aristóteles, determinando assim uma nova representação do ser humano? E com que linhas de ruptura com o universo pré-moderno essa irrupção se solidariza, sobretudo no que toca ao valor atribuído ao indivíduo enquanto tal?

— Em segundo lugar, mesmo admitindo que a autonomia seja "resolutamente moderna", será que convém, conforme sugerem tanto Hegel como Heidegger, identificá-la pura e simplesmente com a "liberdade dos Modernos"? Uma vez negociada a virada que teria con-

---

[2] M. Heidegger, *Nietzsche,* II, 8, Gallimard, 1971.

duzido a seu surgimento, já não tratar-se-ia apenas, desde o "moderno" até o "contemporâneo", de fazer um único e mesmo valor arcar com todas as suas conseqüências?

2. O nascimento do humanismo e a exigência de autonomia

O termo "autonomia" é de cunhagem grega. De fato, um certo número de textos faz referência à autonomia (*autonomia*) quando trata da liberdade (Demócrito, B 264; Plutarco, *Vida de Licurgo*, XIII, 47 a; Sófocles, *Antígona*, 821 e 875; Isócrates, *Panath.*, 215). Por vezes, ambas as expressões – liberdade (*eleutheria*) e autonomia – encontram-se expressamente associadas para definir a condição de uma cidade não submissa à dominação externa (Heródoto, I, 95-96, VIII, 140; Xenofonte, *Helênicas*, III, 1, 20-21; Demóstenes, *Acerca da coroa*, 305). Será necessário, então, voltar a discutir a complexa questão da "liberdade grega", contestando a tese clássica, pela qual era proclamado "livre" na cidade aquele que nela possuía as prerrogativas do cidadão?

Há forte tendência da interpretação sugerindo conclusões de matizes diferentes, como estimar que a problemática moderna da liberdade esteja plenamente contida no modelo grego, no qual a idéia de "autonomia" estaria, desde já, sendo aplicada não só à cidade,

Introdução

mas também às pessoas. Partindo dessa orientação "continuísta", é forte a tentação de considerar que a lógica interna da cultura grega já então residia numa exigência clara e assumida de autonomia: durante quatro séculos de cultura helênica, o processo democrático particularmente testemunhou tal exigência. Logo que se identifique a maneira como as cidades gregas não cessavam de "recolocar em questão sua instituição" e de "modificar as regras" da vida comunitária quando do "surgimento da autonomia", torna-se irresistível aquela tentação.[3]

A questão se resume em saber se se trata de uma redescoberta do sentido autenticamente grego da liberdade ou de pura ilusão retrospectiva. São controvérsias intermináveis, que eu não pretenderia arbitrar em poucas linhas. Parece-me possível e desejável, entretanto, salientar em que medida as condições exatas exigidas pela moderna valorização da autonomia ainda estavam muito longe de serem preenchidas no quadro da cultura e da filosofia gregas.

O que supõem, efetivamente, essa concepção e essa valorização da humanidade enquanto capacidade de autonomia, ambas constitutivas do humanismo moderno e condutoras, ao longo de complexo percurso, à afir-

---
[3] C. Castoriadis, "La création de la démocratie", in *Le Débat*, n.º 38, janeiro-março de 1986.

mação do indivíduo enquanto princípio? Nesse aspecto, o que define intrinsecamente a modernidade é, sem dúvida, a maneira como o ser humano nela é concebido e afirmado como fonte de suas representações e de seus atos, seu fundamento (*subjectum*, sujeito) ou, ainda, seu autor: o homem do humanismo é aquele que não concebe mais receber normas e leis nem da natureza das coisas, nem de Deus, mas que pretende fundá-las, ele próprio, a partir de sua razão e de sua vontade. Assim, o direito natural moderno será um direito "subjetivo", criado e definido pela razão humana (racionalismo jurídico) ou pela vontade humana (voluntarismo jurídico), e não mais um direito "objetivo", inscrito em qualquer ordem imanente ou transcendente do mundo. É assim, ainda, que as sociedades modernas se conceberão, no registro político, plenamente auto-instituídas por meio do esquema do contratualismo: o humanismo jurídico dos Modernos, aplicando ao direito a convicção de que o homem é o princípio de toda normatização, tomará como pressuposto que o homem é o autor de seu direito e que esse direito se afirma unicamente por ser fundado sobre o acordo "contratual" das partes interessadas. Em suma, de acordo com a fórmula de Sartre: "o homem não possui outro legislador senão ele próprio".

Contudo, aquilo que caminha junto com a compreensão da liberdade em termos de autonomia teria sido plenamente concebível dentro do contexto intelec-

Introdução

tual e cultural em que os gregos problematizaram sua liberdade? A necessidade de responder de forma negativa enraíza-se com particular precisão naquilo que a reflexão jurídica e política de Aristóteles revela a este respeito: o direito que os cidadãos possuem (e que define sua "liberdade") de exercer coletivamente parte da soberania fundamenta-se não no reconhecimento do princípio de autonomia (em cujo caso esse direito deveria ser estendido a todo homem enquanto tal), mas na organização finalizada de uma natureza no seio da qual "alguns são feitos para comandar, e outros, para obedecer". Assim, o fundamento definitivo da soberania reside na hierarquia das naturezas no contexto da ordem do mundo e não na vontade humana enquanto tal, ditando suas próprias leis e se submetendo à autoridade que ela reconhece. Em tais condições, não é de estranhar, conforme muitos comentaristas já observaram, que a própria *Ética a Nicômaco*, ao questionar as condições da virtude, poupe uma verdadeira teoria a respeito do que os Modernos denominam ato livre: de fato, nenhuma referência consistente aí aparece sobre o que, para nós, constitui o único fundamento verdadeiro de tal ato, a saber, uma vontade capaz de autodeterminação.

De resto, como poderia ser diferente já que esse poder de escolha, constitutivo da liberdade dos Modernos, só poderia adquirir algum significado no contexto de uma contingência absoluta do futuro, de uma

O indivíduo

indeterminação e, mesmo, de uma desordem do mundo,[4] que, por definição, a cosmologia grega, da qual a obra de Aristóteles fornece uma das tematizações filosóficas mais acabadas, não cessou de negar? Na medida em que o cosmo é, por si só, uma ordem, "a liberdade do homem não está ligada à contingência, mas, ao contrário, lhe é oposta".[5] Disso é testemunho, de forma particularmente surpreendente, a espantosa reflexão em que Aristóteles compara o universo a uma casa, os homens livres representando os astros, porque "lhes é menos lícito agir ao acaso" e porque todas as suas ações — ou, pelo menos, sua maioria — são regradas; e, ao contrário, "os escravos e os animais", cujas "ações raramente são ordenadas para o bem do conjunto, sendo na maior parte das vezes deixadas ao acaso", simbolizando as partes inferiores ("sublunares") do universo (*Metafísica*, Λ, 1075 a 19-22). Enfim: "São, pois, os escravos que são livres no sentido moderno da palavra, porque não sabem o que fazem, ao passo que a liberdade do homem grego e sua perfeição são medidas de acordo com a determinação maior ou menor de suas ações".[6] É mister, portanto, convir que, pelo menos no que diz respeito a seu princípio, essa liberdade grega, longe de

---

[4] M. Merleau-Ponty, *Sens et Non-sens* (Senso e contra-senso), III, Nagel, 1984.
[5] P. Aubenque, *La Prudence chez Aristote* (A prudência em Aristóteles), PUF, 1963, p. 91.
[6] *Ibid.*

Introdução

já ter sido concebida sobre o modelo da autodeterminação (*auto-nomia*), inscreve-se no registro de *heteronomia* (em que é a exterioridade que dita a lei): não há dúvida, certamente, sobre o fato de que tal representação da liberdade tenha ocorrido onde a confiança na ordem do mundo se rompia, dilacerada por tensões em favor das quais a valorização da autonomia pôde esquivamente esboçar-se; para que essa valorização se afirmasse plenamente, foi necessária a profunda e radical decomposição do cosmo, só realizada pela modernidade por meio da revolução galileana. Por certo, os gregos conceberam que os seres humanos "podiam criar por si mesmos alguma ordem, impondo leis":[7] disso pode-se concluir que o surgimento da autonomia pressupõe, contudo, que se deixe de precisar que a ordem assim criada deveria supostamente inscrever-se na ordem do mundo, como se fora, tanto para Aristóteles como para Platão, por ele ditada.

Poder-se-ia afirmar, portanto, já que as condições de representação da liberdade em termos de rigorosa autodeterminação surgiram com a queda do cosmo antigo e por meio da irrupção correlata do humanismo, que toda a modernidade se deva inscrever a partir daí, homogeneamente, na lógica inerente à afirmação do princípio de autonomia? O conjunto dos documentos

---

[7] C. Castoriadis, *loc. cit.*

O indivíduo

dos Modernos, a esse respeito bem mais complexo do que com freqüência se supôs, merece ser permanentemente estudado. Há, na verdade, duas maneiras principais de homogeneizar a modernidade, do ponto de vista de sua representação da liberdade, e de eludir, assim, a principal pergunta que o destino do princípio de autonomia nos leva a formular, hoje, em suas relações potenciais para a valorização do indivíduo.

3. *Autonomia e subjetividade*

Inicialmente, pode surgir a tentação de inscrever o conjunto da trajetória percorrida pela modernidade sob a exigência da autonomia. Foi esse o caminho seguido por Heidegger, mediante sua desconstrução da filosofia moderna enquanto constituinte, de Descartes a Nietzsche, da "metafísica da subjetividade". Sabe-se como essa soberania do sujeito desenvolveu-se supostamente em quatro grandes etapas e como foi atribuído papel decisivo à que, com Kant, encontrou sua tematização mais completa:

1. Com Descartes emergiria a idéia de que a natureza não é permeada por forças invisíveis, sendo mera matéria-prima e podendo, assim, ser perfeitamente dominada pela razão (tudo é suscetível de ser conhecido) e pela vontade (a totalidade do real é utilizável pelo homem que visa à realização de seus fins): é uma concep-

Introdução

ção antropocêntrica do mundo, em que Heidegger situa precisamente a própria essência do humanismo e para a qual tudo se torna meio para a realização do homem.

2. Com o advento do Iluminismo, parece consumar-se uma ruptura com a razão cartesiana: a ciência newtoniana refuta a idéia de uma física *a priori* e parece impor à racionalidade científica o reconhecimento de seus limites. Contudo, a ciência continua a apresentar-se como instrumento neutro, posto a serviço de fins que a ultrapassam e a partir dos quais ela encontra seu valor, quer se trate da emancipação, quer da felicidade da humanidade.

3. Admite-se que Kant, mais do que Heidegger, deu início a uma virada decisiva, sem deixar de reconhecer a importância e as virtualidades do momento criticista,[8] inscrito na lógica unidimensional da modernidade. É de fato com Kant que surge realmente a idéia de autonomia, mediante a crítica da moral da felicidade. Definida como autônoma, a vontade moral, que é ao mesmo tempo agente e princípio (o valor supremo) da moralidade, nada quer além de si mesma enquanto liberdade que dita a lei à qual se submete. Pela primeira vez, aparece uma representação da vontade que se toma como objeto.

---

[8] A esse respeito só se pode remeter o leitor a seu grande estudo de 1929, *Kant et le problème de la métaphysique* (Kant e o problema da metafísica), Gallimard, 1953.

O indivíduo

4. A teoria nietzscheana da "vontade de poder" apenas radicalizaria o que surgira com Kant: o querer humano cessa inteiramente de se dirigir a um fim para se voltar sobre si mesmo e se tornar o que Heidegger denomina "vontade da vontade", abrindo caminho para a busca do poder pelo poder ou do poder enquanto tal. A universalização dessa derradeira representação do humanismo moderno, com a qual se encerra o destino da idéia de autonomia, seria, assim, a técnica ou, se preferirmos, essa razão puramente instrumental que já não questiona os fins e faz da vontade (ou do poder) um fim em si.

O sentido de tal desconstrução é claro: a razão de Descartes e do Iluminismo teria apenas conduzido de forma lógica, por meio de um movimento de simples radicalização, a essa vontade de vontade, na qual a afirmação moderna do homem enquanto sujeito (fundamento) encontraria sua realização mais perfeita; nesse sentido, a explicitação kantiana do princípio de autonomia viria simplesmente inscrever-se no seio de um percurso único e fatal, que termina com o triunfal desenvolvimento de uma tecnociência preocupada exclusivamente com o aumento contínuo de seu poder, independente do preço a ser pago. Seria, então, necessário convir que a própria essência do moderno, tal como expressa pela vocação do sujeito à autonomia, estaria em jogo até nas formas mais aberrantes da tecnicização

Introdução

do mundo: longe de se poder lançar, nessas condições, uma representação da modernidade contra outra, tudo conduziria ao sacrifício global da modernidade e de seus valores, a começar por esse valor da autonomia, que melhor lhe exprime a essência.

Será realmente necessário frisar por que as conseqüências políticas de tal sacrifício parecem ameaçadoras, especialmente em função dos estreitos laços entre autodeterminação e democracia? Segundo a lógica dessa homogeneização da modernidade, a *Introdução à metafísica*, fruto de um curso ministrado por Heidegger em 1935, enfatiza a "decadência espiritual da Terra", tal qual se manifesta por meio do império planetário da técnica.[9] Ao evocar os conflitos entre Oriente e Ocidente, Heidegger descreve nestes termos o dilema em que a Europa se encontra: "A Rússia e a América são ambas, do ponto de vista metafísico, a mesma coisa; apresentam o mesmo sinistro frenesi de técnica desenfreada e de organização inconseqüente do homem normatizado."

É um texto desconcertante na medida em que anula pura e simplesmente a idéia de que possa haver alguma diferença de natureza entre as democracias ocidentais e o sistema stalinista, sugerindo implicitamente que a afirmação democrática do indivíduo enquanto valor,

---

[9] M. Heidegger, *Introduction à la métaphysique* (Introdução à metafísica), Gallimard, 1967, p. 49.

O indivíduo

como, por exemplo, mediante a declaração dos direitos humanos, participe de desenvolvimento semelhante ao do totalitarismo da União Soviética. Como, entretanto, poderia ser diferente no quadro de tal desconstrução da modernidade? Efetivamente, da mesma forma que Heidegger não poderia repetir Descartes ou Kant contra Nietzsche, não faria o menor sentido optar pela democracia liberal do Ocidente contra o coletivismo do Oriente ou vice-versa; ambos os sistemas lhe pareciam, de fato, como sendo apenas as duas faces políticas da modernidade na era da técnica, como as duas formas que a dominação da subjetividade assumiu na política. Senão, vejamos: É só porque – e na medida em que – o homem se tornou sujeito, de modo significativo e essencial, que em seguida surge para ele a questão expressa de saber se deve e quer ser um Eu reduzido à sua gratuidade e abandonado a seu arbitrário ou, então, um Nós da sociedade."[10]

Dito de outra maneira, tanto o indivíduo da sociedade liberal como o poder do coletivo que lhe é posto em oposição no Oriente são e permanecem representações da subjetividade, pertencendo, enquanto tais, à era da modernidade, e não se pode esperar daí nenhum remédio contra os efeitos da tecnicização mundial. Não cabe aqui indicar como esses temas (presentes desde os

---

[10] M. Heidegger, *Chemins qui ne mènent nulle part* (Caminhos que não levam a parte alguma), Gallimard, 1986, pp. 83-84.

Introdução

anos 30 por meio da identificação da Rússia e da América, tidas simplesmente como duas faces da "técnica desenfreada") puderam confundir-se, a partir dessa filosofia, com os principais aspectos da "revolução conservadora" empreendida pelo nacional-socialismo.[11] Simplesmente, conviremos que essa percepção homogeneizante da modernidade, dissolvendo a afirmação do indivíduo no império supostamente uniforme da metafísica do sujeito, deve suscitar hoje grande desconfiança.

No entanto, ao distanciar-se de Heidegger, a reflexão não eliminou a tentação de homogeneizar a modernidade e nem mesmo o risco de faltar à problemática do indivíduo. Há, com efeito, uma segunda forma de homogeneização, certamente menos perturbadora, mas que, caso não se tenha cuidado, conduzirá também à eliminação da profunda tensão inscrita na concepção da liberdade em termos de vontade autônoma.

4. *O paradigma individualista*

Na história intelectual recente, o recuo do marxismo possibilitou reinterpretar a lógica global da modernidade de acordo com um paradigma totalmente diferente do que sugeria perceber os fenômenos sociais e

---

[11] Ver L. Ferry e A. Renaut, *Heidegger et les Modernes* (Heidegger e os Modernos), Grasset, 1988.

culturais em termos de crescente alienação em relação ao coletivo. Outro paradigma já amplamente desenvolvido, no contexto anglo-americano, por trabalhos como os de D. Bell, Chr. Lasch, R. Sennett ou, ainda, L. Trilling.[12] Na França, R. Aron foi certamente o primeiro, já na década de 1960, a reavaliar a sociologia e a filosofia política de Tocqueville,[13] paralelamente à sua crítica da tradição proveniente de Marx. Não obstante, foi necessário aguardar que a crise do marxismo se tivesse ampliado, mais recentemente, até tomar a forma, nos anos 80, de um verdadeiro desmoronamento, para que se assistisse ao real progresso de um neotocquevilismo, que interpreta a história da modernidade não a partir do desenvolvimento do modo de produção capitalista, mas de acordo com uma dinâmica de emancipação do indivíduo em relação ao fardo das tradições e das hierarquias naturais. Certamente, tal mudança de

---

[12] A obra de R. Sennett, *Les Tyrannies de l'intimité* (As tiranias da intimidade), Seuil, 1979, apareceu em Nova York em 1974 (*The Fall of Public Man*); a de Chr. Lasch, *Le Complexe de Narcisse* (O complexo de Narcisse), Seuil, 1979, data de 1975; a de D. Bell, *Les Contradictions culturelles du capitalisme* (As contradições culturais do capitalismo), PUF, 1979, foi publicada em 1976; quanto a *Sincérité et Authenticité* (Sinceridade e autenticidade), de L. Trilling (Grasset, 1994), o original é de 1971 (Harvard).
[13] Cf. especialmente R. Aron, *Essai sur les libertés* (Ensaio sobre as liberdades), Gallimard, 1965, cap. 1: "Tocqueville e Marx"; *Les Étapes de la pensée sociologique* (As etapas do pensamento sociológico), Gallimard, 1967.

Introdução

paradigma interpretativo, substituindo a lógica de alienação pela lógica de emancipação individual, não excluía a possibilidade de que essa afirmação do indivíduo pudesse coexistir, conforme o próprio Tocqueville advertira, com novas formas de despotismo. Assim — considerando apenas alguns antropólogos, historiadores, filósofos ou sociólogos que, na França, adotam o paradigma de Tocqueville —, autores tão distintos quanto L. Dumont ou F. Furet, M. Gauchet, G. Lipovetsky, P. Rosanvallon, A. Ehrenberg e muitos outros mais compartilham atualmente, mediante tônicas irredutíveis entre si, uma compreensão da modernidade que consiste em opor às sociedades tradicionais aquelas em que o indivíduo só se permite estar mais submetido a si próprio.[14]

Diante desse paradigma individualista, cuja fecundidade intelectual não cogito contestar, devo confessar que,

---

[14] L. Dumont, *Homo aequalis, genèse et épanouissement de l'idéologie économique* (Homo aequalis, gênese e desenvolvimento da ideologia econômica), Gallimard, 1977, e *Essais sur l'individualisme, une perspective anthropologique sur l'idéologie moderne* (Ensaios sobre o individualismo, uma perspectiva antropológica da ideologia moderna), Le Seuil, 1983; F. Furet, *Penser la Révolution française* (Pensar a Revolução Francesa), Gallimard, 1978; G. Lipovetsky, *L'Ère du vide. Essais sur l'individualisme contemporain* (A era do vazio. Ensaios sobre o individualismo contemporâneo), Gallimard, 1983, e *L'Empire de l'éphémère. La mode et son destin dans les sociétés modernes* (O império do efêmero. A moda e seu destino nas sociedades modernas), Gallimard, 1987; M. Gauchet, *Le Désenchantement du monde. Une histoire politique de la religion* (O desencanto com o mundo. Uma história política da religião), Gallimard, 1985 e *La Révolution des droits de l'homme* (A revolução

O indivíduo

há alguns anos, vem crescendo em mim a inquietação de que ele possa contribuir, pelo menos em alguns de seus aspectos menos prudentes, para a produção de nova cegueira a respeito da complexidade do moderno.[15] Em 1983, quando L. Dumont – que em muitos aspectos pode ser considerado fundador (ou, pelo menos, "refundador") da apreensão "individualista" da modernidade – adota o indivíduo como valor supremo do mundo moderno, o faz designando constantemente o indivíduo como ser "independente, autônomo e, por conseqüência, essencialmente não-social". Quando, em 1987, explorando o paradigma neotocquevileano em sucessivos campos e com palpável sucesso, G. Lipovetsky pesquisa a "lógica dos valores culturais modernos", caracteriza de maneira intercambiável os movimentos sociais que estudou pela "exigência de autonomia individual" e pela "ex-

---

dos direitos do homem), Gallimard, 1989; A. Ehrenberg, *Le Culte de la performance* (O culto do desempenho), Calmann-Lévy, 1991 e *L'individu incertain* (O indivíduo indefinido), Calmann-Lévy, 1995; P. Rosanvallon, *Le Sacre du citoyen. Histoire du suffrage universel en France* (A sagração do cidadão. História do sufrágio universal na França), Gallimard, 1992. Dos trabalhos desses diversos autores, menciono apenas aqueles em que a referência ao paradigma individualista ("neotocqueviliano") é mais evidente. Tendo a natureza intelectual horror à comparação, não ignoro que a reunião desses trabalhos chocará seus autores, bem como alguns de seus leitores.
[15] Essa inquietação foi essencialmente expressa por minhas duas contribuições ao debate sobre o individualismo: *68-86. Itinéraires de l'individu* (68-86. Percursos do indivíduo) (em colaboração com L. Ferry), Gallimard, 1987; *L'Ère de l'individu. Contribution à une histoire de la subjectivité* (A era do indivíduo. Contribuição para uma história da subjetividade), Gallimard, 1989.

Introdução

plosão do gosto por independência". Em 1995, quando A. Ehrenberg procura zelosamente discernir o teor específico adotado nos anos 90 por um individualismo mais desencantado ou mais "incerto" do que na fase hedonista e de conquista dos anos 80, enfatiza que o "novo" individualismo se caracteriza pela "ascensão da norma de autonomia", vendo nisso, entretanto, mera fase na história de uma "experiência democrática contemporânea", que ele descreve tanto em termos de "extensão da subjetividade" quanto de "desinibição da individualidade". Toda dificuldade reside, entretanto, em saber se as noções e os valores tidos, explicitamente ou não, como equivalentes nessas diferentes análises do individualismo contemporâneo – autonomia/independência e sujeito/ indivíduo – são de fato substituíveis uns pelos outros. Ao se sobrepor, sem estabelecer maiores nuances ou discernimento, o valor da independência ao da autonomia e o princípio do indivíduo ao do sujeito, a ponto de perceber no "surgimento do indivíduo enquanto categoria organizadora do social" (P. Rosanvallon) a única coisa que entra em jogo na modernidade, não se estaria transmitindo um conceito impreciso desta última, estranhamente distante da maneira rigorosa como a idéia de liberdade fora tematizada no vocabulário da autonomia pela filosofia moderna?

Essas questões, que gostaria de reformular nas páginas seguintes, certamente possuem embasamento filosófico, ainda que apenas pelas diferenciações conceituais que elas mobilizam. Ganham mesmo, na medida em que essas diferenciações conceituais desencadeiam também conflitos de valor, um significado prático e, particularmente, político. Na era da grande reconciliação política dos opostos em torno dos modernos valores da democracia, acabei por convencer-me de que a indistinção assim provocada ou mantida não era necessariamente uma virtude, e que, sem dúvida, era preciso reformular a questão de saber o que pode e deve ser uma cultura autenticamente democrática (moderna). Não compreendo essa questão como a democratização da cultura (que se resolve pelo número de bibliotecas de bairro ou a definição das condições de acesso à universidade), mas a determinação propriamente *democrática* de uma cultura. Se, efetivamente, todos compreendem sem demasiada dificuldade uma cultura aristocrática, centrada nos princípios e valores da tradição e da hierarquia, temo que haja grande confusão no discernimento dos princípios e valores de uma cultura democrática; sem dúvida, pode-se perceber que tal cultura teria algo a ver com a fundação das normas e das leis em determinada relação do homem consigo mesmo; resta saber, entretanto, em que condições essa relação do homem consigo mesmo pode ser produtora de normas e leis. Esse enigma, para cuja solução pretendo aportar algumas pistas, partilha em boa parte uma questão trágica por excelência – entendo a pergunta que se enunciava a Édipo como um enigma e que, no fundo, consistia em perguntar: quem é o homem?

I

IRRUPÇÃO DO INDIVÍDUO

A dinâmica das sociedades democráticas

Para buscar a determinação mais correta da cultura democrática, o caminho mais curto parece ser o de recomeçar a partir de Tocqueville e de sua análise da modernidade. Essa análise, que é também a da lenta e difícil ruptura com o *Ancien Régime*,* serve para demonstrar como a dinâmica da democratização pode identificar-se inteiramente com a afirmação do indivíduo enquanto princípio e, ao mesmo tempo, enquanto valor, afirmação que define o que Tocqueville, pioneiramente, denominou individualismo moderno.[16]

---

* Por *Ancien Régime* entende-se o regime absolutista que vigorou na França até 1789. (N. T.)
[16] De fato, o próprio termo *individualismo* surgiu entre B. Constant e Tocqueville, isto é, entre os dois autores que constituem hoje as referências privilegiadas dos defensores do "individualismo democrático" no debate francês. Desconhecido do Constant que, em 1819, compara a "liberdade dos Antigos" com a dos "Modernos", é freqüentemente utilizado pelo Tocqueville de 1835 – 1840, que apresenta as duas versões sucessivas de sua *Démocratie en Amérique* (Democracia na América). Para datação mais precisa, consultar A. Renaut, *L'Ère de l'individu* (A era do indivíduo), pp. 53 *sqq*.

O indivíduo

Sabe-se que, segundo Tocqueville, são duas as características principais desse individualismo moderno, cuja forma de expressão política mais marcante ele parece ter encontrado na Revolução Francesa. O individualismo traduz-se em primeiro lugar pela revolta dos indivíduos contra a hierarquia em nome da igualdade.

1. *Igualdade* versus *hierarquia*

Nesse primeiro plano, o individualismo confunde-se com o processo de igualização das condições, no sentido jurídico da expressão, que Tocqueville designa como *democracia*; encontra seu símbolo mais cristalino na Declaração dos Direitos dos Homens, bem como naquela famosa "noite do 4 agosto de 1789", durante a qual foram espetacularmente abolidos os privilégios sobre os quais repousava a estrutura hierárquica do *Ancien Régime*.

É mediante esse primeiro plano que a análise tocquevileana da democracia, em muitos aspectos mero prolongador da distinção de Benjamin Constant entre o antigo e o moderno, fornece um quadro geral extremamente precioso para interpretar os múltiplos movimentos sociais que, além da própria Revolução, vão marcar a história da modernidade; mesmo quando vieram a se declarar socialistas e até comunistas, os movimentos que visaram à igualização das condições só aprofundarão, paradoxalmente, essa dimensão do individualismo revo-

Irrupção do indivíduo

lucionário. Isso aconteceu, por exemplo, quando, sob influência dos socialistas, a reivindicação de real igualdade das condições veio suplantar a de uma igualdade meramente jurídica, denunciada como superficial ou abstrata; trata-se de um deslocamento do "formal" para o "real" ou para o "substancial", que certamente poderá se fazer acompanhar de uma crítica ao individualismo liberal e à sociedade civil burguesa, mas que não estará menos pautado, enquanto crítica de um universo hierárquico, na própria lógica do individualismo moderno.

É evidente que já não são mais visadas as hierarquias do *Ancien Régime* (compreendidas como os privilégios supostamente inerentes, por natureza, a determinados grupos sociais), mas novas hierarquias, como as que instaurariam as desigualdades sociais e econômicas: depreende-se que, nesse aspecto, é ainda a reivindicação individualista, na medida em que é anti-hierárquica, que empresta a esses movimentos suas motivações e legitimidade. Da mesma forma, o individualismo será exercido contra a "burocracia" nas empresas, nos partidos políticos e até nas universidades, em nome de uma demanda de "democracia", concebida novamente como o império da igualdade e a dissolução de hierarquias fixas ou, por assim dizer, naturalizadas.

De acordo com Tocqueville, contudo, há um segundo componente desse individualismo democrático, tão importante quanto o anterior e que encontra sua melhor forma de expressão no espírito revolucionário. Trata-se da denúncia das tradições pelos indivíduos, em nome da liberdade – em todo caso, em nome de certa concepção da liberdade.

2. **Liberdade** versus *tradição*

Em seus trabalhos de antropologia comparada, Louis Dumont insistiu com rigor neste ponto: as sociedades tradicionais, independentemente de se tratar de sociedades primitivas ou da sociedade medieval, são caracterizadas pela heteronomia. É necessário compreender que, nessas sociedades, a tradição se impõe ao indivíduo sem ter sido por ele escolhida e nem, conseqüentemente, ter sido fundada em sua própria vontade. É-lhe imposta de fora, sob forma de transcendência radical à qual os homens obedecem como obedecem às leis da natureza. Isso faz com que a existência das pessoas esteja constantemente situada sob a *dependência* dessa tradição.

Por oposição, a dinâmica moderna da democracia será, ao contrário, a da erosão progressiva desses conteúdos tradicionais, minados aos poucos pela idéia de autoinstituição, que a Revolução aflorara com particular vigor. Herdada das teorias do contrato social, seu princípio consiste em fundar a lei sobre a vontade dos homens, subtraindo-a tanto quanto possível, portanto, à autoridade das tradições. Por meio desse processo, a Revolução

Irrupção do indivíduo

foi, em suma, a herdeira dessa crítica das superstições ou, melhor, dos "preconceitos" aos quais a filosofia do Iluminismo procurara reduzir qualquer tradição.

Pode-se esboçar aqui uma observação paralela ao raciocínio precedente: da mesma maneira como a Revolução não aboliu a hierarquia, e mesmo engendrou outros tipos de (os da "sociedade burguesa"), a abolição desse universo tradicional que era o *Ancien Régime* não deveria conduzir à abolição imediata, instantânea, de toda e qualquer forma de tradição. Ao contrário, a decomposição das tradições deve ser entendida em correspondência a uma lógica progressiva (que a imagem da "erosão" sugere) das sociedades democráticas. A análise dos movimentos sociais em termos de individualismo (compreendido, nesse segundo aspecto, enquanto erradicação emancipatória das tradições) poderá, assim, continuar legitimamente até as sociedades contemporâneas, nas quais os diversos movimentos de vanguarda, tanto no plano político como no da estética, se filiarão a essa tendência de criticar qualquer conteúdo preconcebido e herdado em nome da liberdade dos indivíduos, em nome de sua criatividade ou de seu pleno desenvolvimento.[17] É mister acrescentar, ainda, que é precisamente esse segundo componente do individua-

---

[17] Para uma aplicação deste princípio interpretativo à história dos movimentos artísticos de vanguarda, remeto a L. Ferry, *Homo aestheticus, l'invention du goût à l'âge démocratique* (*Homo aestheticus*, a invenção do gosto na era democrática), Grasset, 1988.

O indivíduo

lismo que fornece às sociedades modernas um de seus traços mais específicos, que consiste na contínua dissolução das referências oriundas do passado e "transmitidas" de geração em geração; estas referências, cuja transmissão constitui a tradição, são, por definição, indefinidamente corroídas em função direta do projeto que anima o indivíduo moderno a apropriar-se das normas em vez de recebê-las. Dissolução contínua dos referenciais herdados que significa, por outro lado, a permanente revolução dessas referências.

Seguramente, é possível considerar com tranqüilidade esses temas (igualdade *versus* hierarquia, liberdade *versus* tradição) como aceitável caracterização da "era democrática" e, mais especificamente, de nosso mundo atual em sua dimensão de modernidade. O indivíduo nele se afirma simultaneamente enquanto valor e princípio:

– enquanto valor, na medida em que, na lógica da igualdade, um homem vale outro, fazendo com que a universalização do direito de voto seja a tradução política mais completa de tal valor;

– enquanto princípio, na medida em que, na lógica da liberdade, apenas o homem pode ser por si mesmo a fonte de suas normas e leis, fazendo com que, contra a heteronomia da tradição, a normatividade ética, jurídica e política dos Modernos se filie ao regime da autonomia.

Outro aspecto da análise tocquevileana enfatiza a fecundidade de tal apreensão da dinâmica individualista; entendo que, de fato, seja muito cômodo, à luz des-

Irrupção do indivíduo

ta visão do significado da modernização, indicar por que certas problemáticas se tornam particularmente latentes, e mesmo preocupantes, nas sociedades assim marcadas pela irrupção do indivíduo enquanto princípio e enquanto valor.

3. *A cultura enquanto problema*

Como sabe todo leitor de Tocqueville, suas análises insistiam prioritariamente num dos possíveis efeitos dessa dinâmica individualista, a saber aquilo que se convencionou denominar atomização do social. Ninguém esqueceu este célebre trecho de *La Démocratie en Amérique:*[18] "O individualismo origina-se da democracia e ameaça desenvolver-se na medida em que as condições se tornam iguais (...) Na medida em que as condições se tornam iguais, aumenta o número de indivíduos que, já não sendo ricos ou poderosos o bastante para exercer grande influência sobre o destino de seus semelhantes, conservaram ou adquiriram, não obstante, instrução e bens suficientes para bastar-se a si mesmos. Nada devem a ninguém; habituam-se a considerar-se sempre de forma isolada e até imaginam que seu destino esteja em suas mãos. Assim, a democracia não só leva cada homem a esquecer-se de seus antepassa-

---
[18] A. de Tocqueville, *De la Démocratie en Amérique* (Da democracia na América), Garnier-Flammarion, 1981, II, 2, pp. 125 e 127.

O indivíduo

dos, mas também lhe esconde seus descendentes e o separa de seus contemporâneos; sem cessar, ela o traz de volta para si mesmo, ameaçando enclausurá-lo inteiramente na solidão de seu próprio coração."

Antes de frisar a importância de tal texto para abranger a problemática do individualismo nos dias de hoje, é necessário prevenir um possível equívoco, freqüentemente cometido por parte da tradição interpretativa. Com efeito, diante daquilo que é descrito em *De la Démocratie en Amérique*, seria errôneo reduzir as reticências de Tocqueville, no que diz respeito ao individualismo democrático, à mesma aversão reativa que um aristocrata poderia experimentar diante do desaparecimento dos valores de seu universo. É certo que admira, conforme ele mesmo enfatiza, as instituições aristocráticas, mas não unicamente porque elas se fundam em princípios de glória e grandeza que o nivelamento democrático lhes parece apagar; sua admiração e, mesmo, sua nostalgia enraízam-se sobretudo no fato de tais instituições terem por efeito, em sua opinião, "ligar estreitamente cada homem a vários de seus concidadãos". Em suma, os valores herdados, nesse sentido "tradicionais", e as hierarquias percebidas como naturais constituíam eficazes princípios de laços sociais. Entretanto, uma vez iniciada a dinâmica que conduziu ao florescimento do indivíduo, estava fora de questão, para Tocqueville, recorrer a qualquer tipo de *restauração*: atribuir-lhe tal posicionamento constituiria mesmo, repito, grave engano.

Irrupção do indivíduo

O raciocínio de Tocqueville é totalmente distinto: o universo do *Ancien Régime*, na medida em que hierárquico, era fundamentalmente um universo comunitário — na linguagem de L. Dumont: holístico. Dito de outra forma, o indivíduo nele existia apenas enquanto membro de uma corporação, e as diferentes corporações formavam (idéia muito cara a Tocqueville) verdadeiros contrapoderes face ao Estado central, fazendo com que, na prática, a totalidade de direito estivesse limitada. Assim, é antes de mais nada enquanto liberal desejoso de fixar os limites do Estado (e não na qualidade de nostálgico do *Ancien Régime*) que Tocqueville pensa nos perigos da democracia, da mesma forma que é como liberal que ele levanta uma questão hoje mais do que nunca pertinente: como encontrar, no seio de um universo democrático e, portanto, individualista, freios para a decomposição do tecido social e contrapoderes que se possam opor ao Estado?

É precisamente neste ponto que emergem as interrogações em função das quais a temática do individualismo, até aqui puramente descritiva, se debruça sobre uma verdadeira problemática. De acordo com uma perspectiva tão conhecida que nos limitaremos a esboçá-la, as sociedades modernas pareciam a Tocqueville ser portadoras de um risco potencialmente mortal: os dois princípios (hierárquico e tradicional) do antigo laço social tendo sido minados pela dinâmica da igualdade e da liber-

O indivíduo

dade, o desabrochar do indivíduo ameaçava consolidar-se, efetivamente, por meio da atomização do coletivo e, assim, conduzir a uma situação em que os indivíduos, separados uns dos outros como as malhas de um tecido social em dissolução, se encontrariam cada vez mais sozinhos diante de um "Estado tutelar" ao qual não poderiam opor qualquer resistência. Trata-se de risco potencialmente mortal para a própria existência de uma sociedade digna desse nome, mas também suscetível de ser controlado: como se sabe, o sistema de associações, que Tocqueville tanto admirava na sociedade americana, pareceu-lhe o mais apto para reconstituir as mediações entre o indivíduo e o Estado, fornecendo, portanto, possível resposta aos perigos do individualismo democrático.

A despeito dessa reflexão acerca da atomização moderna do social, Tocqueville não prevê nenhuma regressão em direção às sociedades tradicionais (motivo pelo qual qualquer utilização antimoderna e antidemocrática de sua obra constitui grave usurpação); uma vez construído o modelo de evolução (possível, mas não fatal) ao qual as sociedades democráticas se expõem essencialmente, o questionamento tocquevileano volta-se para os freios suscetíveis de serem opostos a tal evolução. Em suma, trata-se de perguntar o que pode restar do laço social depois da erosão democrática de suas figuras tradicionais no instante mesmo em que o corte com as outras deveria tender a aprofundar-se, por motivos in-

Irrupção do indivíduo

trínsecos às sociedades individualistas, podendo ameaçar a própria existência de um mundo comum.

É conveniente observar que um deslize bastante sutil, e freqüentemente mal-entendido, se opera na análise tocquevileana por meio da emergência dessa problemática. O conceito do individualismo (compreendido no sentido da igualização democrática das condições) cede lugar a uma categoria crítica, utilizável para estigmatizar certas tendências das sociedades modernas, em primeiro lugar, o recolhimento do indivíduo à esfera privada, o culto à felicidade e ao consumo – fenômenos esses que suscitam em Tocqueville uma leitura paradoxalmente pouco distante daquilo que se lê em Marx quando este evoca o indivíduo egoísta, membro da sociedade civil burguesa. Em ambos os casos, o individualismo moderno é incriminado por contribuir para o surgimento de uma figura monadária do ser humano, para o qual a ação recíproca com o próximo, que define o pertencer a uma comunidade, tende a se tornar rigorosamente estranha a sua auto-afirmação. Contudo, é precisamente em função desse possível deslize, interno à dinâmica do individualismo democrático, que se vê surgir o problema que tal dinâmica corre o risco de causar à cultura das sociedades em que se manifesta.

Efetivamente, não seria difícil estender a dimensão crítica das análises tocquevileanas ao período contemporâneo. De fato, pode-se mostrar, com justeza, como o processo virtual de atomização do social atualizou-se

O indivíduo

particularmente sob a forma do relativismo. Isso porque, em função da erosão contínua das tradições e de todas as referências herdadas do passado, tende a aparecer uma estranha cultura, que não possui ponto de comparação possível com as sociedades anteriores:

– por um lado, a idéia de herança, que parece intrinsecamente ligada à de cultura, e, com ela, a perspectiva de fidelidade a um passado do qual se recolhem (e "cultivam") os valores, parecem estar singularmente enfraquecidas em benefício da celebração do presente e do novo;

– por outro lado, na lógica atomizadora e particularizadora das sociedades individualistas, o reconhecimento e, mesmo, o compartilhar de valores e referências comuns, superiores ao indivíduo e que também parecem ser constituintes da própria noção de cultura (enquanto modalidade do ser-conjunto), parecem desgastar-se em favor de uma nova maneira de ser, se não em conjunto, pelo menos uns ao lado dos outros: para o indivíduo, já não se trata de submeter-se a normas ou valores que lhe sejam externos; o que ele reivindica é, sobretudo, o direito de afirmar sua diferença, independente de qual seja sua origem e sua natureza; ora, nessa perspectiva, em que conta sobretudo o fato de ser o que se é (a "autenticidade"), os valores da cultura, em torno dos quais a humanidade se reconhecia como um todo, não tenderiam a desaparecer ou, pelo menos, a se dissolver em benefício da crescente valorização dos particularismos enquanto tais?

Irrupção do indivíduo

Esse aspecto foi explorado em múltiplos trabalhos durante os últimos 15 anos, destacando os diversos tipos de ameaças que pairam sobre a própria possibilidade de existência de um "espaço público" em que a comunicação teria como objetivo não apenas a expressão de opiniões particulares, mas, também, sua confrontação para se chegar a um acordo mínimo sobre normas ou valores irredutíveis ao jogo de interesses particulares. Se é que existe essa vertente, por motivos intrínsecos às sociedades estruturadas (ou desestruturadas) pelo desabrochar do indivíduo enquanto tal, seria necessário aferir até que ponto o universo democrático a ele se entregou. Isso porque poder-se-ia objetar, aos que denunciam a atomização do social, outro efeito desse desabrochar do indivíduo – efeito menos perverso e que pode vir a opor-se diretamente à lógica da atomização, tornando mais complexa, a partir daí, a apreciação das sociedades individualistas. Na medida em que essas sociedades se caracterizam pelo fim das tradições, os progressos do individualismo certamente eliminam qualquer possibilidade de referência, sem outra forma de discussão, a certezas preestabelecidas. Conseqüentemente, para legitimar nossas opiniões ou escolhas, não possuímos outro meio senão o de sair de nós mesmos e de nos inscrevermos nesse espaço de discussão argumentativa no qual o único princípio de legitimidade reside em nossa capacidade de nos colocarmos na posição do outro para descobrir o melhor argumento que o pos-

O indivíduo

sa convencer. Nesse sentido, se concordarmos com o fato de que o discurso jurídico constitui um dos modelos da argumentação intersubjetiva, não terá sido por acaso que os anos 80 foram marcados simultaneamente por um culto sem precedente à individualidade como tal, com todas as tendências atomizadoras ou leucêmicas do tecido social que esse culto induz, e por um poderoso e multiforme retorno ao direito enquanto dimensão essencial do espaço democrático – com todas as perspectivas que tal promoção do direito abre em termos da definição de um novo princípio de vínculos sociais.

Assim, a questão do individualismo continua a ser extremamente complexa. A aplicação do modelo tocquevileano às sociedades contemporâneas pode conduzir, ao que parece, a apreciações fortemente contrastadas; a esse respeito, é significativo que, na França, onde a mudança de paradigma assinalada no início deste capítulo desempenhou papel de particular importância na história intelectual recente,[19] se tenha desenvolvido, no último decênio, uma verdadeira disputa em torno do individualismo, cujo conteúdo esclarece bastante os termos da problemática do indivíduo.

---

[19] A importância que esse deslocamento assumiu, na França, é rigorosamente proporcional ao papel que o paradigma marxista desempenhou para a geração precedente, ali mais do que em outros lugares.

II

A DISCUSSÃO FRANCESA DO INDIVIDUALISMO

Neotocquevileanos versus *neo-heideggerianos*

As interrogações a respeito da existência e do conteúdo do que denominamos cultura, suscitadas pela afirmação do indivíduo enquanto valor e enquanto princípio, deram lugar, nos últimos anos, a prolongado e acirrado debate. Acredito que o fato de esse debate ter-se desenvolvido no limite do universo intelectual e do domínio da mídia não constitui absolutamente mau sinal quanto a sua possível riqueza; tanto é assim que, mesmo não se referindo apenas aos especialistas das disciplinas em questão, ele pode mobilizar sobremaneira, como iremos observar, temas e esquemas filosóficos muito específicos. Isolemos inicialmente, independente desses temas e esquemas, as posições com que nos deparamos.

Um primeiro posicionamento consiste em considerar que a maneira como a cultura está hoje cada vez mais voltada para aquilo que se poderia chamar de imanência

O indivíduo

(isto é, sem encontrar outro suporte senão o próprio indivíduo) constitui imenso progresso. Na medida em que a dinâmica da produção e do consumo culturais passaria doravante a corresponder à afirmação da individualidade enquanto único princípio de todos os valores, as sociedades contemporâneas teriam realizado progresso particularmente significativo, sob forma da emancipação do indivíduo, num campo (o da cultura) que por muito tempo foi regido pelo princípio, não da autonomia, mas da autoridade.

Por outro lado, uma posição antitética denuncia, nessa cultura da imanência, um achatamento ou nivelamento, de qualquer forma um rebaixamento, da própria idéia de cultura. Regida pela dinâmica do individualismo, a cultura já não passaria de uma das facetas, entre outras tantas, do universo do consumo: se configurados o indivíduo e seu bel-prazer enquanto derradeira instância em que a cultura de uma sociedade democrática se enraíza, nada mais distinguiria a produção cultural daquela de bens de consumo, sendo as duas esferas governadas pelo princípio do prazer ou, se preferirmos, da utilidade no sentido utilitarista da expressão (maximização da felicidade, minimização do sofrimento); ora – e esta é a dimensão crítica que se afirma no cerne dessa segunda posição – tal concepção utilitarista da cultura, ao dissolvê-la na esfera do consumo, não se constituiria em sua negação pura e simples?

A discussão francesa do individualismo

Evidentemente, esse debate em torno da cultura não pode estar dissociado de questionamento mais amplo sobre a própria dinâmica individualista: alguns percebem nela uma dinâmica de emancipação, intrinsecamente solidária aos valores da modernidade, enquanto outros, ao contrário, consideram a dinâmica do individualismo mera pseudo-emancipação, destruindo, na realidade, um certo número de valores especificamente humanos – a começar pelos valores da cultura no sentido autêntico da expressão, fazendo com que utilizem de bom grado, para designar esse processo, o termo "barbárie".

Com relação à adesão filosófica, essa discussão francesa do individualismo opõe, de maneira nítida e cristalina, autores de inspiração tocquevileana ou, dito de forma mais correta, neotocquevileana (na medida em que se trata de uma livre referência à obra de Tocqueville, explorando algumas virtualidades mais do que outras) a autores cuja filiação, pelo mesmo motivo, é neo-heideggeriana. Para avaliar o que está em jogo nessa ampla discussão, que acredito ser apaixonante e não fechada, é preciso começar pela publicação, em 1987, de *L'Empire de l'éphémère* (O império do efêmero), de G. Lipovetsky, obra em torno da qual esse enfrentamento de posições acabou por cristalizar-se.

Não seria possível situar esse trabalho, meio filosófico, meio sociológico (como é também o caso da obra de Tocqueville), sem lembrar que seu autor já publicara, em 1983, *L'Ère du vide. Essai sur l'individualisme contemporain* (A era do vazio. Ensaio sobre o individualismo contemporâneo), adotando, pioneiramente na França, nítida perspectiva neotocquevileana para demonstrar que os diversos movimentos culturais típicos da modernidade devem ser compreendidos numa dinâmica individualista, no sentido que mencionei no capítulo precedente. Esse primeiro livro de Lipovetsky,[20] marcado por grande sucesso, havia sido favoravelmente acolhido, até por aqueles que se tornariam seus adversários mais renhidos quando da publicação do segundo trabalho. Em compensação, *L'Empire de l'éphémère* suscitou um certo número de reações fortemente críticas que, a despeito do novo sucesso obtido por Lipovetsky junto ao público, o colocaram no centro de uma polêmica: de fato, o livro foi em geral lido, sobretudo do lado neo-heideggeriano (refiro-me a A. Finkielkraut), enquanto defesa e ilustração beata de um individualismo contemporâneo pseudo-emancipatório, destruindo na realidade os valores especificamente humanos da "cultura". Para esclarecer o sentido dessa oposição, torna-se necessário, é claro, relembrar os temas abordados pelo livro de Lipovetsky, bem como sua hipótese principal.

---

[20] Consultar, por exemplo, L. Ferry e A. Renaut, *La Pensée 68. Essai sur l'anti-humanisme contemporain* (O pensamento de 68. Ensaio sobre o anti-humanismo contemporâneo), Gallimard, 1985, pp. 78-89.

A discussão francesa do individualismo

1. *A cultura do indivíduo: Gilles Lipovetsky*

L'Empire de l'éphémère tem por objeto, como indica seu subtítulo, "a moda e seu destino nas sociedades modernas". Explicitemos: os fenômenos de moda em toda sua diversidade e, atualmente, em toda sua extensão — já que a lógica da moda, aquilo que Lipovetsky chama de "forma moda", se estende, hoje em dia, bem além de seu campo original, a vestimenta ou o traje, para englobar, além dos comportamentos não-essenciais, superficiais e frívolos, tudo o que se possa tornar objeto de admiração repentina e passageira, desde a produção intelectual ou cultural à vida política. Em todos esses registros aparecem, efetivamente, fenômenos análogos, possíveis de veiculação pela mídia, de formação de *slogans*, de consumo rápido ou de renovação incessante — tanto que, em virtude dessa própria convergência, é lícito considerar a existência de algo equivalente a um objeto: a forma moda e sua extensão contemporânea, abrangendo todo o campo social.

O objeto assim delimitado é particularmente provocador para a reflexão filosófica ou sociológica. E isso porque a moda parece ser o campo do irracional e do contingente, do arbitrário, do fortuito, o campo dos comportamentos mais irracionais por excelência: o que explica, afinal, por que, num determinado ano, o comprimento das saias aumenta, a largura das golas diminui

O indivíduo

ou um determinado dispositivo técnico se torna objeto essencial do universo cotidiano? Existe aí, aparentemente, uma dimensão de contingência e de irracionalidade ou, pelo menos, uma dimensão irracional que parece desafiar qualquer lógica: por que, hoje em dia, os cabelos curtos encarnam a juventude, ao passo que os cabelos compridos, que há alguns anos simbolizavam a mocidade contestadora, hoje parecem tão "velhos"? Puro capricho do tempo, ao que parece. Assim, para disciplinas como a filosofia ou a sociologia, cujo objetivo é pensar a racionalidade do real ou desvendar a lógica do social, o fenômeno da moda constitui, por definição, um desafio, na medida em que, diante dele, o postulado da racionalidade é particularmente de difícil manutenção: como, de fato, encontrar algum sentido na história do frívolo? É por isso que o objeto modo é tão inegavelmente interessante; é necessário convir, para testar o próprio objeto de racionalidade: como pensar a racionalidade do real ou a lógica do social exatamente onde o objeto parece estar mais próximo do "sem razão"?

Em conseqüência do fato de a moda aparecer como o campo por excelência dos comportamentos mais irracionais, tal objeto induz geralmente, como que por si mesmo, um tipo de teorização possível e, nesse caso, bastante tentador, e que, de fato, foi o que mais freqüentemente se praticou a seu respeito. Com efeito, só em aparência pode-se pensar o que é tão irracional em ter-

A discussão francesa do individualismo

mos de escolha, considerando escolhas de fato livres e pensadas. Na medida em que a relação com a moda parece ser excessivamente arbitrária para permitir decisão, ela mesma suscita a tentação, para poder compreendê-la, de supor que, para além da liberdade aparente das escolhas, tudo obedece a mecanismos pré-reflexivos nos quais se expressariam as lógicas dissimuladas aos atores. Isso faz com que em geral os fenômenos de moda tenham sido analisados de acordo com esquemas que se referiam a condicionamentos inconscientes ou a uma orquestração subterrânea por parte dos imperativos do consumo, ao poder supostamente diabólico da publicidade e às leis da rivalidade social entre grupos concorrentes, que buscam "se distinguir" uns dos outros. Todas essas variações giram em torno de um tema bem conhecido, que é o da dominação do indivíduo pela sociedade: variações mais ou menos sutis, mas cuja tonalidade global é explicada, no fundo, por essa natureza específica dos fenômenos de moda, fazendo com que a inteligibilidade do processo (inteligibilidade esta que deve ser postulada por quem tente teorizá-lo) pareça só poder ser encontrada na forma da hipótese segundo a qual haveria uma lógica imanente nos fenômenos socioculturais, lógica velada aos atores, sendo estes últimos movidos apenas pelas pressões inconscientes a que estariam submetidos pelo "mercado", pela "sociedade de consumo", pelos "imperativos da produção", etc. Enfim, é

O indivíduo

compreensível que a moda tenha sido mais freqüentemente explorada em termos de teorias da *alienação* — até mesmo na sociologia de P. Bourdieu, na qual a dinâmica da moda se configura nas lutas de concorrência entre parcelas da classe dominante desejosas de distinguir-se umas das outras.

Em contraste, a tese principal de Lipovetsky, em 1987, procurou audaciosamente fazer tábula rasa desse gênero de teorizações e formulou questão inédita, partindo de constatação que renovava em profundidade o problema: como compreender que a moda tenha sido, *de facto*, um fenômeno especificamente ocidental e moderno, inexistente antes da metade do século 14? Na China, nas Índias e nas sociedades antigas, a vestimenta durante milênios só admitiu modificações excepcionais; tudo muda a partir do final da Idade Média, segundo uma verdadeira revolução indumentária, com a aparição de um novo tipo de vestimenta, curta e ajustada para o homem, comprida e modelando o corpo para a mulher. A partir desse momento, conforme constata Lipovetsky, as variações, fantasias, inovações e mudanças completas não mais cessariam de se multiplicar e em ritmo muito acelerado. Essa forma moda, que se caracteriza como um dispositivo social inédito, um regime de tempos curtos, onde o antigo é sempre depreciado em benefício do novo, teria, pois, surgido na alvorada da modernidade. Isso porque o vestido túnica do antigo Egito, o peplo

A discussão francesa do individualismo

grego e a toga dos romanos permaneceram imutáveis durante séculos; o mesmo vale para o quimono japonês ou o costume feminino na China, este último não tendo sofrido transformação alguma entre os séculos 17 e 19. A forma moda origina-se, portanto, de um tipo bem particular de sociedade e de cultura; sendo assim, como continuar a perceber nela um simples efeito de relações de concorrência entre grupos sociais, uma vez que tais relações, evidentemente, existiram antes do século 14 e fora do Ocidente, sem que suscitassem fenômenos de moda?

É necessário acrescentar, para completar os dados alinhados por Lipovetsky, que esse dispositivo da moda evolui no sentido de estender-se a uma parcela cada vez mais ampla do público, renovando nossa indagação. Lipovetsky empreendeu a completa reconstrução do que tem sido, desde o surgimento da modernidade, a trajetória do dispositivo: a dinâmica da moda, inicialmente reservada aos meios aristocráticos, estendeu-se ao conjunto da sociedade por volta de 1880, com o nascimento simultâneo da "alta costura" e da "confecção", que lhe reproduz os modelos em grande escala; então, esse sistema se decompôs, em torno de 1960, para dar lugar ao que conhecemos hoje, em que se trata mais de "parecer jovem" do que de "mostrar classe", de cultivar as "pequenas diferenças" concebidas menos como afirmação de um distanciamento social e mais como a expressão de uma singularidade ou individualidade. Em suma,

O indivíduo

para resumir o teor dessa evolução, a forma moda evoluiu no sentido de uma democratização (estendeu-se a parcela cada vez maior da população) e intensificação, demonstrando periodização cada vez mais curta e aceleração do processo, como se se tratasse, efetivamente, não de se distinguir de tal ou qual grupo, mas de romper constantemente com o passado — um passado cada vez mais próximo do presente.

Tais são, portanto, os dados a serem interpretados e que parecem excluir, desde já, as lógicas que repousam sobre o fenômeno, notadamente as que continuariam a pensá-lo em termos de estratégias de distinção entre grupos sociais que concorrem ao poder, real ou simbólico: tal interpretação não dá conta nem da modernidade da moda e de sua ocidentalidade, nem de sua democratização e sua aceleração.

A tese de Lipovetsky, que aqui evoco apenas como um dos termos do debate contemporâneo em torno das conseqüências culturais do desabrochar do indivíduo, consiste em ver na moda o sinal das reviravoltas que marcaram o surgimento da era democrática: pela moda se afirmaria nada menos do que a própria aparição de sociedades, negando o poder imemorial da tradição em nome da liberdade do indivíduo e escrevendo sua história no presente, mediante a invenção contínua de suas regras e normas. Dito de outra maneira: na lógica das mudanças menores que define a moda, dever-se-ia dis-

A discussão francesa do individualismo

cernir não um empreendimento insidioso de alienação, mas, ao contrário, o avanço lento dos valores democráticos e da "autonomia individual". Aí, pressuposta por toda a análise, voltamos a encontrar, evidentemente, a distinção "tocquevileana" entre o individualismo democrático das sociedades modernas e o holismo das sociedades tradicionais: ao passo que, nas sociedades tradicionais, múltiplas tradições pesam sobre as consciências, predeterminando todas as escolhas de acordo com um estilo de existência na qual a história se escreve a partir do passado, as sociedades modernas asseguram a emancipação do indivíduo – no sentido da auto-instituição das regras e das normas pelos próprios indivíduos. É nesse quadro global que a emergência e a radicalização da moda deveriam ser recolocadas – radicalização paralela, aliás, à realização do processo democrático: a forma moda inscrever-se-ia, portanto, na própria lógica do Ocidente moderno, ou seja, a ruptura com a tradição.

Ao entrar no espaço da moda, na verdade os indivíduos recusam conformar-se servilmente, por assim dizer, "de forma automática", à herança do passado: eles se querem "mestres e possuidores" de regras que definem no presente e renovam constantemente. Essa hipótese torna-se em particular sedutora, é mister reconhecer logo, quando se pensa no funcionamento imediatamente contemporâneo da moda: depois de um dispositivo que, embora as normas se renovassem, havia sido caracterizado pela definição de cânones, a moda se define hoje essencialmente pela ausência de tais cânones e pela possibilidade propiciada a cada um de escolher seus cânones ou de combinar de acordo com seu gosto, segundo um estilo *kitsch*, uma diversidade de cânones possíveis, para traduzir (até mesmo no grupo social a que pertence) sua individualidade mais irredutível. Nesse sentido, a categoria central para pensar a moda já não seria mais a alienação, porém, ao contrário, a da emancipação da escolha individual. Assim, a lógica da moda não é outra senão a do individualismo democrático enquanto gigantesco processo de individualização (anti-holista) dos comportamentos.

Essa é a tese de Lipovetsky. Restaria compreender, então, o motivo pelo qual essa interpretação pode ter gerado polêmica tão ampla. Isso não será possível se não se perceber que esse livro se situou numa dimensão central do debate intelectual contemporâneo, a saber, o debate em torno das sociedades democráticas e do futuro papel dos intelectuais nessas sociedades: em muitos aspectos, é esse pano de fundo que anima a discussão francesa em torno do individualismo e que explica o seu vigor.

A discussão francesa do individualismo

2. O intelectual nas sociedades democráticas

É necessário recordar o que foi, há cerca de 20 anos, o ponto de vista, o teor próprio, a tonalidade ou, se se quiser, a *Stimmung* característica da filosofia francesa dos anos 60. As principais correntes de pensamento de 68 (representadas por Foucault, Derrida, Althusser, Deleuze, Lyotard, Bourdieu, Lacan, etc.) tinham suas raízes no traumatismo do pós-guerra: na medida em que os valores da modernidade ocidental não haviam impedido nem o colonialismo, nem o totalitarismo nazista, era preciso inventar um futuro completamente distinto do das sociedades liberais e, para tanto, colocar em questão os valores do humanismo e da cultura democrática que pareciam acompanhar essas sociedades. Nesse sentido, o intelectual dos anos 60 cultivou uma atitude radicalmente crítica em relação a essas sociedades e esses valores, condenando-os, segundo sua disposição de espírito, pelos serviços prestados aos interesses da burguesia ou por submissão aos ditames da tecnociência. No que diz respeito a essa atitude hipercrítica, o livro de Lipovetsky e, de modo geral, a corrente neotocquevileana (salvo L. Dumont, cuja orientação é sensivelmente distinta nesse aspecto) participam de ampla tentativa de reavaliação da democracia e da modernidade – já não parecendo estas últimas, em função de um certo número de acontecimentos históri-

O indivíduo

cos e também de remanejamentos conceituais, necessariamente suspeitas de cumplicidade intrínseca com alteradoras realidades. Tanto que, se apesar de tudo deve permanecer o discurso crítico em relação a essas sociedades democráticas, o estilo da crítica deve ser transformado: se a crítica à modernidade pode e deve continuar a existir, deve tornar-se mais interna à própria modernidade, cuja lógica deve ser considerada emancipadora e, portanto, "globalmente positiva".

Ora, é precisamente nesse aspecto que o enunciado neotocquevileano foi atacado a fundo — a questão se resume em saber se, ao se tornar interna, a crítica, realizada em nome dos valores que animam e permeiam o próprio objeto da crítica, não se tornaria inevitavelmente cúmplice de seu objeto.

3. *A barbárie individualista: Alain Finkielkraut*

Deixo de lado momentaneamente a questão de saber se, em minha opinião, esses ataques são justos ou não, merecidos ou não, e me limito a fixar os termos do debate. Toda uma corrente filosófico-literária, na qual encontramos A. Finkielkraut, E. de Fontenay ou romancistas como M. Kundera ou D. Sallenave, reagrupados em torno da revista *Le Messager européen*, estimou que a posição neotocquevileana é testemunha de um pensamento "colaborador", que não quer ou não sabe

A discussão francesa do individualismo

perceber que as sociedades democráticas possuem taras próprias e que seu individualismo produz novas formas de desumanidade e, mesmo, de "barbárie", tanto mais temíveis porque insidiosas e mascaradas sob forma de um processo de emancipação da individualidade.

A barbárie, horizonte do individualismo democrático: poder-se-á certamente perguntar se esse modo de se sacrificar às exigências da formação de *slogans* – comum, nesse contexto, para designar um empreendimento como a *EuroDisney*, um filme como *Jurassik Park* ou os concertos de Madonna – não seria injúria às vítimas de formas menos suaves de desumanidade. Sem dúvida, o jogo de palavras, ainda que o princípio não guarde muito mistério, já não é conveniente quando as palavras comprometem as coisas de maneira tão grave.[21] O resultado é que, caso se faça abstração da forma contestável com a qual ela foi expressa, a objeção permanece e é mister examinar sua lógica.

Foi sobretudo A. Finkielkraut quem, seguindo o impulso de *La Défaite de la pensée*, encarnou na mídia essa condenação da apologia neotocquevileana do indi-

---

[21] A maior objeção levantada por essa corrente contra os defensores do individualismo democrático consiste em imputar-lhes cegueira em relação às exigências da cultura: tendo a negação da cultura algo em comum com a barbárie, compreende-se sem dificuldade o motivo pelo qual o neotocquevilismo pode-se permitir objetar com ênfase os "arquivos da barbárie" democrática. É a ênfase – e não a idéia – que choca.

O indivíduo

vidualismo. Um artigo publicado em *Le Monde,* em 13 de novembro de 1987, complementado por uma entrevista de A. Finkielkraut com M. Gauchet, publicada na revista *Le Débat,*[22] dirige aos defensores do individualismo democrático sobretudo três objeções, tomando como base filosófica uma referência explícita à crítica heideggeriana da modernidade.[23]

A primeira objeção consiste em contestar que a lógica da individualização dos comportamentos, na qual a moda se inscreve, realmente dependa de um processo de emancipação. Isso porque é verdade que a autoridade da tradição nela se desfaz, mas submetendo o indivíduo aos ditames do ciclo quase biológico (explorado até

---

[22] A. Finkielkraut, M. Gauchet, "Malaise dans la démocratie" (Mal-estar na democracia), in *Le Débat,* nº 51 (setembro-outubro de 1988). Nessa entrevista/debate, M. Gauchet defende diferenciadamente a categoria do "individualismo democrático" como "instrumento de análise sociológica eficaz e fecundo", contra graves reservas de A. Finkielkraut, que nele denuncia um "golpe verbal", transformando "em apoteose histórica os problemas mais agudos de nosso tempo".

[23] Cf. particularmente A. Finkielkraut, *La Défaite de la pensée* (A derrocada do pensamento), Gallimard, 1987, p. 146. A lógica dessa adesão a Heidegger é límpida e não pode ser contestada enquanto tal. Por um lado, a desconstrução heideggeriana da modernidade é a única perspectiva radicalmente crítica que continuou disponível, depois da derrocada do marxismo, para alimentar um questionamento global das sociedades ocidentais. Por outro lado, a crítica heideggeriana, de tipo antimoderno, denunciava, na modernidade, a homogeneização do mundo pela técnica, bem como o correlato esquecimento de exigências mais fundamentais – as do "pensamento"– do que os objetivos do consumo e da exploração do real.

A discussão francesa do individualismo

no nível sócio-econômico) das necessidades e de sua satisfação: "O indivíduo", escreve Finkielkraut, "já não é nada senão uma sucessão de prazeres sem passado nem futuro, sua vida já não é a vida de alguém, *biografia*, mas eterno retorno *biológico* de necessidades e de satisfações." Em suma, a pretensa emancipação do indivíduo seria, na realidade, uma despersonalização, a destruição da pessoa que está em nós em benefício da reanimalização do homem que, ao reinscrever o humano no biológico, parece negar em si a cultura em benefício da natureza. Efetivamente, o que é cultura, senão precisamente, conforme insistira H. Arendt, o processo pelo qual um ser da natureza dela se distancia, ultrapassando o simples ciclo da vida? A partir dessa primeira objeção, já se pode ver despontar a problemática da cultura.

Essa problemática aparece de forma mais explícita na segunda objeção: a submissão de toda realidade humana "aos ciclos devoradores do consumo", induzida hoje em dia pela individualização dos comportamentos, teria como efeito direto a dissolução da "cultura erudita" – portanto, a derrocada daquilo que Finkielkraut gosta de denominar, seguindo tendência heideggeriana, "pensamento", em oposição à "razão calculante" que domina o universo da técnica e do consumo. Nas sociedades submetidas às exigências da forma moda e, de modo mais genérico, à lógica utilitarista do consumo, a cultura erudita não poderá resistir a longo prazo ao imperativo de que tudo seja consumível, rapidamente consumível, e descartável imediatamente após ser consumido: a "cultura de massa" não é "cultural". Assim, na era da cultura do clipe e dos concertos de *rock* (Madonna encarnando aqui uma espécie de mal radical!), a procura de obras que não sejam meros produtos – no sentido da fórmula de Balzac, em *Béatrix*: "Temos produtos, já não temos obras" – estaria por definição ameaçada. Conseqüentemente, já que é despersonalizadora, a lógica do individualismo seria, ao fim das contas, desumanizadora, uma vez que era sobretudo por meio dessa cultura erudita que o homem lograva se destacar da natureza no intuito de expressar sua humanidade.

Uma última objeção encerra o ataque: os defensores do individualismo democrático seriam levados, pela própria lógica de sua posição, a celebrar tudo indistinta e uniformemente, como constituindo um momento de ampliação da democracia. Esse tipo de pensamento, admite Finkielkraut, afirmou-se no contexto de uma justa e legítima reavaliação da democracia, no início dos anos 80, face ao totalitarismo do Oriente. Efetivamente, a idéia democrática, desvalorizada depois da guerra por não ter podido impedir o totalitarismo nazista, foi reatualizada ao mesmo tempo que a temática dos direitos humanos, quando muitos intelectuais perceberam por fim, em função dos acontecimentos na Polônia ou pelo discurso dos dissidentes russos ou tchecoslovacos, que era por

A discussão francesa do individualismo

meio da referência aos princípios da democracia formal que se formulavam e praticavam, no Oriente, as críticas mais radicais ao sistema totalitário. Entretanto, se não se tomasse cuidado, essa reavaliação acabaria por levar consigo qualquer dimensão crítica em relação à realidade das sociedades democráticas e, eventualmente, às relações entre essa realidade e as ambigüidades dos próprios princípios. Essa extenuação da crítica se traduziria em temíveis conseqüências tanto no plano cultural como no plano político:

– No nível político, o antitotalitarismo tenderia a "degenerar em canonização vulgar do estado de coisas", já que, a partir de então, "o presente radioso da igualdade de condições suplantou o futuro idílico da sociedade sem classes". Dito de outro modo: já não é o futuro que nos atrai, mas pura e simplesmente o presente, para cujos defeitos fecharíamos os olhos, tanto que seria decididamente o caso de perguntarmos se uma "fatalidade negativa" nos obrigaria "a expiar, ao longo de uma década de assentimento total e de hipercelebração, o excesso crítico do período entre 1960 e 1970".

– Por analogia, no nível cultural, a convicção de que toda afirmação da individualidade contida num produto qualquer possuiria valor enquanto tal levaria a aberrante canonização de tudo e de qualquer coisa como "produto cultural": O "todo-cultural" de Jack Lang, assimilando à "cultura", misturando-os, o *rock* e a dança clássica, o teatro experimental e o rap, o folclore e o cinema de Fellini, o tag e Boulez, patrocinando uns e outros, de forma indiferente e idêntica, não teria sido por acaso o *slogan* do último decênio em matéria de política cultural, mas corresponderia perfeitamente, na realidade, a esse enfraquecimento do espírito crítico diante da sacralização contemporânea da individualidade. *A contrario*, seria o caso de pensar novamente que o vigor do espírito crítico faz parte das condições sem as quais a cultura autêntica se dissolve no consumo.

Assim, a discussão francesa sobre o individualismo cristalizou-se, com muitos pontos de aplicação política, em torno de um debate sobre a própria concepção da cultura das sociedades democráticas. Não pretendo ser árbitro de tal discussão, tendo em vista que, para tanto, deveria comprometer-me a não tomar partido e que, em muitos aspectos, não resta dúvida quanto à minha escolha entre modernos e antimodernos. Gostaria, entretanto, de apresentar algumas observações críticas sobre essa discussão, que creio não ser negligenciável, considerando-a inicialmente em seu nível geral mais amplo (enquanto discussão sobre os efeitos do desabrochar do indivíduo como valor e princípio), descendo posteriormente para o nível mais específico das concepções da cultura democrática, que estão em jogo de ambos os lados.

Considerando a discussão em seu nível mais amplo e mais geral (como debate em torno do individualismo

A discussão francesa do individualismo

democrático), apoiei publicamente o trabalho de Lipovetsky, num artigo em *L'Express*, em 1988. E isso sobretudo porque, no que dizia respeito a *L'Ère du vide* e *L'Empire de l'éphémère*, livros que contêm muitas análises diferenciadas sobre os efeitos perversos do processo de individualização, me pareciam caricatas as teses de Lipovetsky, apresentadas como pias justificativas do tempo presente. Em *L'Ère de l'individu*, em 1989, procurei então distinguir aquilo que, do ponto de vista neotocquevileano, poderia, apesar de tudo, criar mal-entendidos e dar asas a essas objeções, parcialmente injustas. Não desejando voltar a esse ponto hoje, direi apenas, de modo retrospectivo, o motivo pelo qual ambas as posições me parecem esbarrar em sérias dificuldades no nível global de sua interpretação da modernidade.

4. Contra o neotocquevilismo: autonomia e independência

Acentuando nesse ponto o pensamento próprio de Tocqueville, o comportamento neotocquevileano tende a confundir pura e simplesmente a emancipação do indivíduo em relação às tradições (isto é, a afirmação de sua *independência*) e a conquista de sua *autonomia*. Trata-se de objeção que já desenvolvi em profundidade, e cujo princípio me limitarei a expor novamente, seguindo apresentação um tanto diferente em sua forma.

O indivíduo

No meu entender, com efeito, existe uma constante na perspectiva neotocquevileana, que pode ser encontrada, com ênfases distintas, tanto em M. Gauchet como em G. Lipovetsky, mas que já estava presente nos trabalhos de L. Dumont. Ela se resume à oposição entre a ideologia "holista" das sociedades tradicionais e nossa cultura "individualista", na qual o indivíduo não pode ser submetido a ninguém mais do que a si mesmo, oposição, aliás, a que Dumont nos acostumou bastante fortemente. Em virtude dessa oposição, que retalha a do *homo hierarchicus* e do *homo aequalis*, é ao designar o indivíduo como ser "independente, autônomo e, conseqüentemente, não-social" que a análise neotocquevileana transforma o indivíduo no valor supremo do mundo moderno. A superposição dos valores de independência e de autonomia, patente na já citada fórmula de Dumont, faz pensar que a única coisa que esteve em jogo para a modernidade foi a promoção do princípio de individualidade: creio que esse entendimento seja falso e conduza a equívocos.

De fato, a lógica do individualismo é, seguramente, a da independência, da "libertação dos entraves", tendo, como horizonte, a maneira como o indivíduo moderno tende a preocupar-se apenas consigo mesmo: nesse sentido, as sociedades modernas podem, assim, ver-se atribuir forte tendência a conceber a liberdade no sentido dessa "liberdade sem regra", que Rousseau

A discussão francesa do individualismo

acreditava ser a característica do estado de natureza. Efetivamente, a independência absoluta e a auto-suficiência pura coincidiriam por definição, de alguma maneira, com a recusa de qualquer regra suscetível de limitar a "vontade espontânea" ou "arbitrária". Aceitar tais regras ou tais limites seria levar em consideração o problema das relações com o outro e as condições necessárias à coexistência – problema cuja simples consideração já significaria que o indivíduo não se basta e estima não precisar apenas de si mesmo para existir, como se pode observar em Descartes. Não resta a menor dúvida, pelas razões expostas em meu primeiro capítulo, de que resida nessa radicalização do individualismo um dos aspectos da modernidade.

Portanto, tomando como base uma leitura unilateral da cultura moderna, seria legítimo inscrever também, e de modo fundamental, a *autonomia* nesse conjunto de valores do individualismo? Dito de outra maneira: a ética da independência cultiva certamente um ideal de auto-suficiência e, assim, de liberdade sem regras; mas é autonomia essa liberdade sem regras? Caso se responda negativamente, será mister estabelecer diferenças profundas na maneira como a corrente neotocquevileana caracteriza a ideologia moderna: o fato de concordar que a modernidade efetivamente tenha valorizado a autonomia e a independência (que ela foi palco dessa dupla valorização) não me obriga a aceitar que essa *dupla* valori-

O indivíduo

zação seja apenas uma. Quando Rousseau descreve, em seu *Contrato social*, a liberdade natural como liberdade sem regras (independência perfeita), ele justamente não a considera liberdade verdadeira, que situa, ao contrário, enquanto "liberdade civil", na submissão a regras livremente aceitas, ou seja, naquilo que Kant – que, no tocante a essa questão, pensará como herdeiro desse "Newton do mundo moral" que Rousseau foi a seus olhos – denominará precisamente autonomia da vontade. Desde então, para toda uma dimensão da modernidade, expressa, entre outras, pelas obras de Rousseau, Kant ou mesmo Fichte, o valor supremo não é absolutamente o da liberdade sem regras: o valor erigido em princípio é o da autonomia, que se opõe não à dependência (entendida como submissão a regras), mas à heteronomia.

Na verdade, é necessário insistir: a idéia (intrinsecamente moderna) da liberdade como autonomia designa, num sentido, dependência em relação a regras, mas dependência percebida como compatível com a liberdade ou, melhor, uma dependência fundadora da liberdade autêntica, na medida em que essa liberdade autêntica (humana) não é precisamente a liberdade (natural) sem regras, mas consiste em fazer com que o próprio humano seja o fundamento ou a fonte de suas normas e leis. Todavia, não é menos verdade que, sendo dependência em relação às leis humanas, isto é, autofundadas, a autonomia é também uma forma específica

A discussão francesa do individualismo

de independência (é sem dúvida por isso que se pode, equivocando-se, confundi-la com a independência pura e simples): não obstante, ela é independência apenas em relação a uma Alteridade radical que ditaria a Lei. Em suma, como forma de independência, a autonomia (que significa a auto-instituição da lei) não se confunde absolutamente com qualquer figura concebível da independência: no ideal de autonomia, continuo a ser dependente de normas e leis, com a condição de que eu as aceite livremente. Isso equivale a dizer que a valorização da autonomia, nela integrando a idéia de lei ou de regra, pode perfeitamente admitir o princípio de uma limitação do Eu, por submissão a uma lei comum. Por conseqüência, não há nada menos intrinsecamente "individualista" do que a perspectiva inerente ao princípio de autonomia, por mais que ele esteja essencialmente de acordo com a prática da subjetividade em contexto de intersubjetividade.

Portanto, necessário faz-se salientar que justamente esse valor da autonomia é constitutivo da idéia democrática para os Modernos. Em compensação, a supervalorização hiperbólica da independência pode levar à afirmação pura e simples do Eu enquanto valor imprescritível, não limitável por essência e livre de qualquer normatização. Então, caso se reconheça que o individualismo moderno conduziu, conforme enfatiza a abordagem neotocquevileana, à valorização da independência en-

O indivíduo

quanto tal, fazem-se necessárias duas outras observações para especificar e limitar o acordo pertinente:

1. A expressão "individualismo democrático", ritual nessa corrente, decididamente não procede pelo próprio fato, repito, de a autonomia, e não a independência, ser constitutiva da idéia democrática moderna.

2. Essa valorização da independência *enquanto tal* só foi possível por meio da desvalorização ou decomposição dessa figura rigorosamente *limitada e definida* da independência que é a autonomia: duas figuras modernas da liberdade confrontam-se de tal maneira, que não se pode identificar sem condenar, por simplificação excessiva, a interpretação global da modernidade como algo vago e pouco contestável.

Quando faço essas objeções a G. Lipovetsky, sua resposta invariável é a de que se trata de precisões conceituais ou "filosóficas", que, entretanto, não atingem sua prática de sociólogo. Da mesma forma que, de modo geral, não estou convencido de que a boa gestão das relações entre filosofia e sociologia seja a divisão das áreas de influência, não estou certo de que tal resposta seja sustentável. Isso porque a imprecisão conceitual que acabo de mencionar se traduz, no plano das análises concretas, pelo fato de o enfoque neotocquevileano, assim orientado, não propiciar um verdadeiro princípio de escolha entre todos os fenômenos culturais que participam do desmoronamento das tradições: não

A discussão francesa do individualismo

apresentar um ganho em atividade, Lipovetsky parece-me estar recuando uma etapa, na medida em que equipara, dessa vez, pura e simplesmente, o princípio da autonomia dos sujeitos e o surgimento de "democracias pós-moralistas". Efetivamente, o que nos diz nesse ambicioso livro? Essencialmente, explica que houve três fases na ética.

Até o Iluminismo, teria prevalecido a sujeição da moral à religião, centrada numa prática de virtude cujo motivo principal não era o respeito ao homem, mas a submissão à vontade de Deus.

De 1700 a 1950, aproximadamente, surgiria a primeira onda da moderna ética laica que, a despeito de emancipar a moral de qualquer fundamento teológico, conservaria a noção de "dever absoluto" da fase religiosa: trata-se de era *transitória* da ética, que seria simbolizada por Kant e seu apelo ao sacrifício de todas as exigências individuais.

Por fim, essa segunda fase, heróica (porque fundada nos valores do sacrifício) e austera, valorizando a abnegação de si e o puro desinteresse, teria sido concluída sob nossos olhos, mediante a reconciliação dos valores com o prazer e o *self-interest*. Em vez da *obrigação*, interviria, a partir daí, o encantamento da felicidade: em suma, trata-se de uma ética sem mutilação do ser, apelando menos ao espírito de sacrifício e mais ao sentido de responsabilidade, repousando, sobretudo, no reconhecimento recíproco dos direitos individuais.

O indivíduo

Dessa periodização resulta que tais direitos individuais, ao definir tantos espaços de liberdade, constituiriam realmente, numa cultura que se tornou pós-moralista sem ser pós-moral (na medida em que, apesar de tudo, existem valores), os únicos limites reconhecidos pelo indivíduo no exercício de suas próprias liberdades. Direitos sem deveres: seria assim restabelecida uma ordem suficiente para evitar a derrocada dos costumes na anarquia (nem tudo é permitido), mas tomando forma de uma "moral indolor" cujo princípio seria o do interesse bem compreendido. Para (tentar) formular a questão como Lipovetsky: quanto menos heroísmo ético, tanto mais egoísmo inteligente capaz de autolimitação – de acordo com um novo dispositivo ético cujo modelo seria fornecido pela recente "ética de negócios". Traduzindo, não prevaleceriam nem o "você deve" brilhando acima do eu em seu céu estrelado, nem o "goze sem entraves" da década de 60, mas a administração circunspecta, "prudente" no sentido aristotélico, como, por exemplo, a da firma Perrier, capaz de "perder para ganhar" ao retirar do mercado americano milhões de garrafas suspeitas, a fim de melhor encarnar a exigência de pureza, comercialmente tão "rentável".

O que pensar acerca dessa tese sobre a cultura moral de nosso tempo? Admito com sinceridade que Lipovetsky possui o talento necessário para tornar suas análises, tão ricas de pequenos fatos verdadeiros, atrativas e

A discussão francesa do individualismo

vigorosas. De resto, o livro toca exatamente quando estigmatiza a maneira como a própria moral se tornou fator da mídia nas sociedades em que a figura do telespectador tende a suplantar a do pecador: do *Téléthon** aos *reality-shows*, a generosidade é consumida, e o ato moral transformou-se numa façanha como tantas outras.

Entretanto, a verdadeira questão é a de saber se, ao se colocar em evidência tal "espetacularização" da moralidade contemporânea, esgota-se seu funcionamento. Ainda que permaneçamos no terreno escolhido, o da inscrição social das representações morais, a dificuldade consiste efetivamente em saber como falar sobre o crepúsculo do dever e o fim do espírito de sacrifício quando, favorecendo a transformação dos personagens que encarnam o ideal moral em estrelas, as vedetes mais célebres chamam-se hoje Padre Pierre ou Madre Teresa? No que diz respeito aos "restaurants du coeur",** a respeito dos quais é demasiado fácil ironizar, confesso não

---

* Programa da televisão francesa. (N. T.)
** Les Restaurants du Coeur são, na realidade, um movimento criado há cerca de 10 anos por Coluche, cômico de descendência italiana, já falecido. Trata-se de uma campanha em que são requisitadas sobras de comida de restaurantes, cantinas, etc., bem como doações de mantimentos por parte da população, para servir refeições aos necessitados, em lojas ou estabelecimentos comerciais vazios; a Prefeitura de Paris chegou a ceder e adaptar, para esse fim, ônibus retirados da frota municipal. Cabe ressaltar que esse movimento não é ligado à Igreja ou a qualquer instituição pública, contando exclusivamente com trabalho voluntário. (N. T.)

perceber por que a atividade benévola que neles se pratica não faz mais parte de uma moral da devoção. Perceber ali, conforme sugere Lipovetsky, a simples expressão de necessidade pessoal de participar de uma comunidade, na qual a satisfação egoísta suplantaria o altruísmo, bem parece uma petição de princípio, tanto menos convincente já que restaria a explicar o motivo pelo qual essa busca de convívio é investida preferencialmente, hoje em dia, em atividades humanitárias e não mais na militância sindical ou política. Ademais, acrescento uma objeção que creio não ser tão insignificante quanto parece: quem pode acreditar seriamente que o fato de levar seu quinhão ao *Téléthon* possa ser decisivo para a moralidade de sua existência? Em suma, nos deparamos certamente com uma ética indolor em sua *dimensão na mídia*; mas, em sua dimensão cotidiana e privada, não vejo em que o dever não permaneça, para cada um, tão pouco negociável quanto parecera a Kant.

Assim, quando Lipovetsky evoca a ultrapassagem da era do dever (e do sacrifício da individualidade) em direção a uma nova era, que reconcilie ética e interesse, moral e indivíduo, seu diagnóstico me parece duvidoso – no fundo, por três motivos que bem ilustram as insuficiências da perspectiva neotocquevileana:

1. Longe de ser heterônoma, a moral do dever, que é intrinsecamente moderna, é de fato aquela que melhor expressa o princípio da *auto-nomia* de uma vontade

A discussão francesa do individualismo

que se submete, enquanto individualidade, à lei que ela mesma se atribuiu, por meio dessa parcela de humanidade comum presente em cada um: a imprecisão conceitual possui aqui seu justo preço.

2. Em relação a essa ética da autonomia, que é a do dever, pode-se perguntar seriamente se a ética do interesse, na qual Lipovetsky enxerga o futuro da consciência moral, não representaria, ao contrário, seu passado: creio que, nesse aspecto (que evidentemente é decisivo), seja mister contestar radicalmente a periodização proposta. Lipovetsky resume a ética do interesse (ou do indivíduo) com seguinte princípio: "Liberdades privadas, ordem pública" (é perseguindo seu interesse que, na lógica pertencente à ética dos negócios, a firma Perrier contribui ao bem comum ao impor a seu produto critérios de pureza superior). Ora, esse princípio não é retomado com alusão a Mandeville (de acordo com a fórmula da *Fable des abeilles* [Fábula das abelhas]: "vícios privados, virtudes públicas") por efeito de puro e feliz (ou infeliz) acaso, já que o modelo apresentado por Lipovetsky evoca evidentemente os precursores do liberalismo que, no século 18 e *antes* do pleno surgimento da moral do dever tematizada por Kant, haviam acreditado poder transformar o interesse de cada um no único impulsionador do bem de todos. Em suma, é a ética do dever que veio retificar a ética da independência, e não o contrário. Portanto, a periodização é falsa –

fato que constituiria apenas uma imprecisão histórica, como qualquer outra, caso o erro não denotasse, mais uma vez, confusão entre autonomia e independência.

O que leva o neotocquevilismo a se confundir duradouramente é, portanto, a convicção não desmentida de que a autonomia só pode ser conquistada por meio da afirmação da independência pura e simples. Tal convicção só pode levar, muito logicamente (mas, também, muito falsamente), a remeter a ética do dever (que constitui, é claro, a verdadeira ética da autonomia) ao passado da heteronomia. A mesma convicção conduzira outrora M. Gauchet a situar as teorias do contrato social, como, por exemplo, a de Rousseau,[25] anteriores ao verdadeiro início da modernidade política e a designar B. Constant mais "moderno" do que Rousseau. O arcaísmo talvez não esteja ali onde se acredita poder localizá-lo.

3. O que dizer, por fim, sobre a espantosa e persistente confusão entre autonomia e cuidado de si, já entrevista em benefício das duas objeções precedentes, que serve de base a esse discurso para a pseudomoral do interesse? Não basta que a consideração do interesse particular faça prova de inteligência para que se abra, aos Modernos, a esfera da autonomia e, portanto, da mora-

---

[25] Acerca desse debate, consultar L. Ferry e A. Renaut, *Des droits de l'homme à l'idée républicaine (Philosophie politique, III)* (Dos direitos humanos à idéia republicana (Filosofia política, III)), PUF, 1985.

A discussão francesa do individualismo

lidade. Entre a lógica do interesse bem compreendido e o desinteresse persiste um abismo, que separa toda forma de individualismo (ainda que inteligente) do verdadeiro humanismo: temo que suprimir essa distância ou não a perceber seja, na realidade, indicador de um fechamento singular e definitivo ao mais profundo enigma da moral, como ao da modernidade.

Estariam essas dificuldades inerentes à posição neotocquevileana, simplesmente radicalizadas por meio destas últimas formulações, se constituindo em convite, nessa discussão do individualismo, para aliar-se à posição antitética, de tipo neo-heideggeriano? Ninguém se surpreenderá com o fato de eu cultivar a mais extrema brevidade para me contentar em relembrar o argumento que me leva a achar que tal adesão permanece impossível.

6. *Dificuldades do neo-heideggerianismo: o esquecimento do sujeito*

A tentativa especificamente neo-heideggeriana esforça-se hoje em utilizar a crítica heideggeriana da técnica para defender a idéia segundo a qual a ruptura com o universo das tradições não garante a verdadeira autonomização do ser humano, isto é, o surgimento de uma cultura autenticamente democrática. Tendo eu mesmo dirigido, anteriormente, essa objeção ao neotocquevilismo, só posso concordar com a parte propriamente negativa da argumentação: entretanto, em seu aspecto positivo, a argumentação praticada me parece dissimular inquietante paradoxo do ponto de vista da coesão interna do modelo de referência.

Em poucas palavras: no próprio Heidegger (que era coerente nesse aspecto), a valorização da autonomia e a idéia democrática eram consideradas na crítica global da modernidade. Sabe-se como a desconstrução heideggeriana da filosofia (metafísica da subjetividade) e da cultura (humanismo) modernas descrevia expressamente esse valor e essa idéia como sendo procedentes, também, da mesma forma como o surgimento da era da técnica, da elevação supostamente catastrófica do homem a sujeito. Em outros termos: a dimensão da autofundação implicada pela idéia moral da autonomia ou, ainda, no plano político, pela idéia democrática, aparecera a Heidegger, aliás, de forma muito apropriada, como que inscrita no horizonte da afirmação moderna do homem como *subjectum*/fundamento – exatamente como era o caso também, a seus olhos, dos descaminhos tecnocientíficos da cultura moderna. Em todos esses registros, tratava-se, do ponto de vista que fora o de Heidegger, de simples "conseqüências" (*Folgen*) do surgimento cartesiano do sujeito enquanto "senhor e possuidor da natureza".

Nesse sentido, é muito grande e, no meu entender, intransponível o paradoxo que leva Finkielkraut ou

A discussão francesa do individualismo

Kundera a utilizar hoje Heidegger para defender a verdadeira autonomia contra a pseudo-emancipação individualista.[26] O que garante o poder sedutor da crítica heideggeriana da modernidade é, como já afirmei, sua proposta de reunir a diversidade do moderno em torno do princípio da subjetividade: à exceção de cultivar as virtudes filosoficamente incertas do ecletismo, não se poderia referir-se, por pouco que seja, a Heidegger sem reassumir os termos dessa proposta – sob pena de a referência ser puramente decorativa e não possuir significado intelectualmente preciso.

Em suma, se hoje em dia certamente se faz necessária uma afirmação do indivíduo – enquanto princípio e enquanto valor – que faça prova de diferenciação maior do que aquela que existe na corrente neotocquevileana, é mister dispor, para proceder a tal afirmação de maneira filosoficamente fundamentada, de instrumentos conceituais que as referências a Tocqueville ou a Heidegger não saberiam fornecer. Esse é o motivo

---

[26] Nesse aspecto, será útil confrontar *La Défaite de la pensée* (A derrocada do pensamento), pp. 148-150 (onde Finkielkraut enfatiza justamente, contrariando a confusão neotocquevileana da liberdade e da independência, que "a limitação da autoridade não garante a autonomia do juízo e da vontade") com os *Essais et Conférences* (Ensaios e conferências), de Heidegger (em que o texto intitulado "Dépassement de la métaphysique" [Ultrapassagem da metafísica] situa expressamente o princípio kantiano da autonomia da vontade na trajetória que conduz da afirmação cartesiana do homem enquanto sujeito ao surgimento do totalitarismo tecnocientífico).

O indivíduo

pelo qual me parece indispensável esboçar aquilo que poderia ser, pelo menos em seu momento decisivo para a problemática do indivíduo, uma outra história da subjetividade, atenta sobretudo àquilo que as representações modernas do sujeito e do indivíduo tiveram de mais diferenciado, a ponto de não se acreditar, tanto na órbita tocquevileana quanto nos círculos heideggerianos.

III

O FUNDAMENTO FILOSÓFICO DO INDIVIDUALISMO

A época das monadologias

Na busca de uma história diferenciada da subjetividade, não se poderia desconhecer a importância de *La Monadologie*, obra escrita por Leibniz em 1714. Aí é elaborada a convicção constitutiva de um individualismo propriamente filosófico, que assume a dimensão de uma interpretação da substância como individualidade. É nesse quadro global que a afirmação do indivíduo enquanto princípio e valor pode ser recolocada, de modo a esclarecer simultaneamente suas condições de possibilidade teórica e seu lugar na modernidade.

1. *O modelo monadológico*

A principal tese de Leibniz é conhecida: não existem senão "mônadas", realidades individuais ou individuadas *independentes* umas das outras, que "não possuem janelas por onde alguma coisa possa nelas entrar ou delas sair". A proclamação desse fechamento em si, inerente à unidade monádica, obedece a uma lógica interna da filosofia de Leibniz. Em compensação, me parece indispensável observar a maneira como daí resulta decisiva conseqüência para o destino da idéia de subjetividade.

A idéia de subjetividade não possui outro sentido além dessa convicção, solidária aos valores do humanismo moderno, de acordo com a qual a humanidade do homem é definida pelo poder de ser ele mesmo o fundamento de seus atos e de suas representações. Foi o reconhecimento desse poder propriamente humano de autofundação (e a valorização correlata da autonomia) que convidou a modernidade filosófica a pensar na fundação humana da verdade, da lei ou da história.

Aparentemente, essa idéia de subjetividade foi inscrita por Leibniz na atribuição à mônada (isto é, àquilo que constitui a própria substância do real, já que toda realidade, humana ou não, lhe parece monádica ou constituída de mônadas) do poder de produzir por si só a totalidade daquilo que lhe acontece: se toda realidade é individual ou composta de individualidades e se cada individualidade se define como monádica, isto é, única por essência e fechada em si mesma, as mudanças que nela surgem (por exemplo, a sucessão das representa-

O fundamento filosófico do individualismo

ções) não poderiam resultar senão de seu dinamismo interno. Seria tentador, portanto, identificar essa constante autoprodução de si como uma dimensão de autonomia e diagnosticar, na monadologia leibniziana, a extensão para toda a realidade daquilo que, em Descartes, por exemplo, definia a subjetividade do Eu humano.

Essa leitura, que foi a de Heidegger, é, porém, profundamente inexata. Para se convencer de tal fato, basta examinar o estatuto da ordem que rege as relações intermonádicas. Tal ordem do real (que, em Leibniz, as exigências tanto da fé como da razão impõem postular) não pode ser *auto-instituída* por quaisquer sujeitos fundando em comum os limites que eles se impõem reciprocamente, na medida em que a própria idéia de causalidade horizontal entre mônadas desprovidas de "janelas" é logo excluída pelo modelo monadológico. Em outros termos, a independência ontológica que reina entre as mônadas criadas proíbe conceber que a menor ordem seja introduzida no real por imposição *humana* de regras limitando a espontaneidade dos indivíduos (por exemplo, sob a forma do direito). Conseqüentemente, o verdadeiro fundamento da ordem do real não pode ser encontrado senão na única causalidade concebível num sistema monadológico, a saber, a causalidade vertical de Deus, que preestabelece harmonia entre as espontaneidades das mônadas: as individualidades monádicas são, assim e no máximo, substratos de uma ordem nelas inscrita, para toda eternidade, por meio das fórmulas que as programam.

Nesse sentido, a liberdade leibniziana, e Kant não se equivocara ao assimilá-la à de um "equipamento que, uma vez acionado, executa sozinho seus movimentos", não é absolutamente autonomia, submissão a uma lei autopromulgada; trata-se, em vez disso, da execução, por parte de cada mônada, da lei constitutiva de seu ser, da *auto-realização de sua própria determinação* e não de *autodeterminação*. Se a valorização da autonomia, intrinsecamente ligada à idéia de sujeito, perde, assim, qualquer significado, por outro lado, Leibniz promove formidavelmente a temática individualista da independência: num mundo cuja ordem está inscrita para toda a eternidade na espontaneidade de cada mônada, "nos encontramos, escreve ele em francês, em perfeita *independência* em relação à influência de todas as outras criaturas", a ponto de "nosso indivíduo" ser "como um mundo à parte, bastando a si mesmo" e se regulando apenas "por sua própria natureza" (*Système nouveau de la nature et de la communication des substances* [Novo sistema da natureza e da comunicação das substâncias], 1695). Nesse "perfeito acordo" que se instaura por si só entre "tantas substâncias que não possuem pontos de intercomunicação", como não perceber o surgimento das principais determinações e valores

O fundamento filosófico do individualismo

constitutivos desse individualismo, que caberia a Tocqueville explorar numa outra dimensão?

Definição da liberdade como independência, valorização da auto-suficiência, decomposição da comunicação intersubjetiva em benefício da afirmação das individualidades como constituindo "mundos à parte": a monadologia leibniziana, ao mesmo tempo em que realiza uma verdadeira dissolução do sujeito tal como Descartes erigira (autofundação, autodeterminação), marca o nascimento filosófico do individualismo. O que surge a partir desse momento inaugural continuará a se desenvolver, a ponto de carregar todas as suas conseqüências. Mas, desde então, foi com Leibniz que nasceu o próprio princípio que legitima o individualismo no sentido ético: é por meio do fechamento em si e do fato de se ocupar apenas de si mesmo, pela cultura de sua independência e a submissão à lei de sua natureza que cada indivíduo contribui para manifestar a harmonia do universo.

Aqui, a modernidade oscila: pela primeira vez, a contradição entre o cuidado exclusivo de si e a afirmação da racionalidade do real não é mais insuperável, na medida em que essa racionalidade preestabelecida se expressa pela programação de cada "indivíduo" para realizar sua "natureza". Trata-se de genial invenção: a de um dispositivo intelectual inédito, aperfeiçoado em seguida pela "astúcia da razão" hegeliana, que faz emergirem os valores do individualismo ao torná-los compatíveis com a idéia de uma ordem racional do mundo.

2. As duas modernidades

As monadologias, ao colocar um termo ao conflito entre o particular e o universal, de Leibniz a Hegel, marcaram o fim do racionalismo ascético: a individualidade já não era obrigada a sacrificar-se no altar da racionalidade, fazendo com que uma primeira modernidade chegasse assim a seu fim. Ao mostrar que a afirmação da individualidade não era intrinsecamente contraditória com a valorização moderna da razão, a era das monadologias tornou possível a promoção até então imprevisível dos valores do individualismo: promoção que era tanto mais forte quanto podia ser realizada sem a reviravolta geral de todos os valores. Assim, a lógica do individualismo podia desenvolver-se em conformidade com a valorização moderna da razão e afirmar-se suficientemente para poder um dia emancipar-se e voltar a questionar os valores da própria racionalidade.

Depois de Leibniz e Hegel, que marcaram o nascimento de uma segunda modernidade, em que o princípio do individualismo se sobrepôs ao da subjetividade da mesma forma que o valor "individualista" da independência se sobrepôs ao valor "humanista" da autonomia, o processo de individualização deveria efetivamen-

O fundamento filosófico do individualismo

te radicalizar-se. A harmonia leibniziana preestabelecida ainda limitava a independência do indivíduo: sendo independente das outras criaturas, não o era em relação à determinação "vertical" estabelecida pelo autor do projeto do universo. A "astúcia da razão" hegeliana tornou imanente o princípio da dependência, mas não o suprimiu. Desde então, estava escrito na lógica do individualismo que, uma vez integrado às exigências da razão moderna por meio do dispositivo monadológico, ele viria a abalar essas mesmas exigências e as faria parecerem entraves. Nascia, assim, um período em que o individualismo não poderia mais conformar-se aos valores da modernidade, a começar pelos valores da razão: deixando para trás seus aspectos modernos para ir ao encontro de seu perfil contemporâneo, esse individualismo iria requerer um projeto filosófico na sua medida, a saber, o de uma transmutação de todos os valores, encontrado em Nietzsche.

O que se expressou filosoficamente nessa trajetória também foi expresso em outros registros. No mesmo ano de 1714, quando Leibniz escreveu, sem publicar, *La Monadologie*, Mandeville elaborou uma edição ampliada e comentada de sua *Fable des abeilles*, primeira aproximação daquilo que viriam a ser as teorias econômicas de mercado. Coincidência cuja menção não convida a qualquer hipótese grosseiramente causal, fazendo do individualismo filosófico a origem intelectual do liberalismo ou deste último a verdade material da monadologia. Simplesmente percebe-se melhor, em função dessa concomitância, que aquilo que ocorria com Leibniz não se constituía em simples episódio de especulação. Ao incorporar a mutação cultural que conduziu o humanismo ao individualismo, ao inaugurar filosoficamente a era do indivíduo, as monadologias nos legaram, efetivamente, a tarefa de apreender a lógica de tais deslocamentos. Elas também nos impuseram medir-lhes a alçada, fazendo-nos indagar se a exaltação individualista do princípio de independência não devolve, em função dos efeitos perversos de que ela é virtualmente portadora, todo seu sentido e todo seu valor, por contraste, a essa outra exigência moderna (ou a essa exigência de outra forma moderna), que traduz à sua maneira a idéia de sujeito, a saber, a exigência humanista de autonomia.

3. *Autonomia e finitude: o sujeito enquanto aspiração do indivíduo*

Poder-se-ia afirmar que uma filosofia prática que reassuma uma concepção de liberdade em termos de autonomia, hoje, não se expõe a encontrar severas objeções? A mais marcante é, sem dúvida, a que denunciaria, dentro dos desígnios da autonomia, a sobrevivência de um projeto de dominação bastante ultrapassado em relação a essa percepção de nossa finitude e a

O fundamento filosófico do individualismo

sua radicalidade, que, doravante, qualquer pensamento desembaraçado das ilusões da metafísica é obrigado a considerar. Assim, E. Lévinas esforçou-se por reinterpretar a abertura do sujeito prático diante do dever de outra forma e não por referência à dimensão de autonomia, que Kant adotara como essência da subjetividade prática. Indo contra o culto da razão autônoma, que se outorga sua lei, tratar-se-ia de sobrepor-se ao "humanismo clássico" e não mais situar a dignidade do homem em sua liberdade, compreendida como autonomia, mas, ao contrário, na passividade: abertura diante do outro enquanto próximo, a subjetividade surgiria como o fato de "não se poder furtar à responsabilidade", de acordo com um momento de "determinação pelo outro" que, "aquém da alternativa determinismo-servidão", coincidiria com o surgimento da ética "a partir de uma passividade radical da subjetividade".[27] "Dominação pelo Bem", "impossibilidade de escolha", "obrigação diante da responsabilidade", "obediência a uma ordem que se realiza antes que a ordem seja imposta": tal seria a responsabilidade originária que comporia o verdadeiro teor da subjetividade prática – subjetividade sem liberdade, no sentido em que "a passividade pura que precede a liberdade é responsabilidade"

---

[27] E. Lévinas, *Humanisme de l'autre homme* (Humanismo do outro homem), Fata Morgana, 1972; Livre de Poche, 1987, pp. 84 *sqq*.

O indivíduo

Bem mais do que autonomia, a subjetividade prática seria "sujeição" e, assim, nos remeteria a uma "heteronomia da subjetividade" que nem mesmo "os gregos nos ensinaram".[28]

Ainda que seja rica e sugestiva, essa tentativa de deslocar a figura da liberdade da autonomia em direção à heteronomia deve ser discutida em dois aspectos.

Inicialmente, se a subjetividade é sujeição pura, como conservar verdadeiramente um significado para essa noção de responsabilidade que é tão consubstancial à intencionalidade da experiência ética? Dito de outra maneira: como poderia o projeto ético, na medida em que passa pelo eclodir da responsabilidade, não mobilizar uma referência a esse horizonte de autonomia, sem cujo objetivo o sujeito moral poderia pensar-se, penosamente, como estando a cargo de outrem? Como negar que, trespassados como somos pela história, confrontados a nossa finitude e à ruptura de nossa subjetividade, não *sejamos* autônomos? Quererá isso dizer, entretanto, que não nos deveríamos *pensar* enquanto autores de nossos atos, assumindo nossa responsabilidade de sujeitos práticos?

Em segundo lugar e sobretudo: na medida em que a autonomia do sujeito não é independência do indiví-

---

[28] E. Lévinas, *De Dieu qui vient à l'idée* (De Deus que chega à idéia), Vrin, 1982, p. 48.

duo (conforme o atesta, em Kant, a crítica das morais da felicidade, levada a cabo justamente em nome do princípio de autonomia), ela supõe que eu não me procure constituir como "fonte de mim mesmo" senão ao arrancar-me – segundo infinito processo – à imediaticidade egoísta das inclinações (individualidade) e ao abrir-me à alteridade do gênero humano. Nesse sentido, sendo transcendência dentro da imanência, o ideal da autonomia não pode ser definido em termos de "fechamento integral": o indivíduo que visa à autonomia (que visa a instaurar-se como sujeito) transcende, nessa intenção mesma, sua singularidade ao pensar-se como membro de um mundo comum a todos os seres que possuem, tanto quanto ele, a estrutura da subjetividade; longe de expressar o fantasma de um sujeito absoluto, a intenção de autonomia pressupõe a abertura ao próximo e, assim, a comunicação. Contudo, é verdade que a autonomia almejada por tal abertura definiria, caso pudesse ser atingida, uma humanidade (a comunidade dos sujeitos) que, em termos de comunidade, não dependeria, no que diz respeito a seu destino, de nada mais do que de si própria, sem nada a determiná-la externamente: não obstante, não é precisamente isso que liga de modo intrínseco a exigência humanista de autonomia ao processo de laicização do mundo que define a modernidade?

Desse modo, posso responder facilmente à objeção

O indivíduo

segundo a qual a idéia de subjetividade ou de autonomia, ainda que se lhe acorde, como em *L'Ère de l'individu*, o estatuto de horizonte de sentido, não poderia ser definida em termos de "fechamento integral".[29] Concordo plenamente com isso no que diz respeito ao indivíduo que visa à autonomia (que visa a instaurar-se como sujeito), já que, nessa intenção, ele transcende sua singularidade ao pensar-se como membro de um mundo comum a todos os seres que possuem, tanto quanto ele, a estrutura da subjetividade: neste sentido, repito-o, a intenção de autonomia pressupõe a abertura ao outro e, assim, a comunicação. Contudo, é verdade que a autonomia almejada por tal abertura definiria, caso pudesse ser atingida, uma humanidade (a comunidade dos sujeitos) que, em termos de comunidade, não dependeria, no que diz respeito a seu destino, de nada mais do que de si própria, sem nada a determiná-la externamente: se não fosse esse o sentido que é almejado, por que falar em autonomia?

---

[29] F. Guibal, *L'Homme de désir* (O homem de desejo), Cerf, 1990, p. 241.

Conclusão

Pensar o sujeito como intenção ou como horizonte do indivíduo: gostaria de tecer ainda três observações a respeito dessa tarefa.

1. Em minha opinião, tal tarefa equivale a enfrentar a questão, que, me parece, deveria estruturar o esforço filosófico, depois de findos os dogmatismos tanto metafísicos quanto antimetafísicos: como pensar o sujeito hoje, quando as ilusões suscitadas tanto por sua construção como por sua desconstrução foram dissipadas? A exigência humanista de autonomia, expressa pela idéia de sujeito, guarda efetivamente toda sua significação contra os despotismos (de difícil denúncia senão como monstruosas negações da subjetividade enquanto autonomia), mas também diante dos descaminhos individualistas de nossas sociedades democráticas. Todos hão de convir: em múltiplas áreas, esses descaminhos levam a partir de agora a buscar mecanismos capazes de definir limites éticos ou jurídicos a culto da independência

O indivíduo

que, em suas formas hiperbólicas, pode engendrar fenômenos cujo perigo fora perfeitamente antecipado por Tocqueville, conforme vimos. Não obstante, na era democrática, em que as regras e as normas não poderiam mais proceder de uma alteridade absoluta, como conceber um direito ou uma ética, a não ser sob o regime da autonomia? Como conceber, nas cidades, uma comunicação em torno de normas compartilhadas, a não ser na medida em que a individualidade possa elevar-se à subjetividade? A idéia de sujeito, *precisamente na medida em que ela não se reduz à de indivíduo, mas, ao contrário, implica uma transcendência, uma ultrapassagem da individualidade*, encerra em si a intersubjetividade e, assim, a comunicação em torno de uma esfera comum de princípios e de valores. E é, sem dúvida, mediante essa articulação intrínseca entre subjetividade e intersubjetividade que se trata de repensar o sujeito de hoje.

2. Essa articulação, tão importante para se pensar o sujeito hoje, não poderia escapar daquela que continua sendo a mais poderosa interpretação da história da subjetividade, a saber, a de Heidegger. Na medida em que Heidegger faz a leitura de toda essa história como não tendo cessado, de Descartes a Nietzsche, de consolidar a dominação do sujeito, ele não pode dar conta da tensão que, entretanto, se instaurou entre subjetividade e individualidade, entre humanismo e individualismo. Prova esse fato a maneira como, tanto em *Holzwege* (Ca-

Conclusão

minhos que não levam a parte alguma*)*, como em *Lettre sur l'humanisme* (Carta sobre o humanismo), ele reduz o individualismo a mera variante do humanismo, a forma que o humanismo adota no Ocidente ao mesmo tempo em que, no Oriente, toma a do coletivismo – compreendendo-se que se trata, para ele, de duas faces, no fundo equivalentes, do império do sujeito. Considere esse um erro extremamente grave, que (além de levar a considerar, de modo politicamente catastrófico, que democracia liberal e totalitarismo não têm diferenças fundamentais) incita a não enxergar outro remédio para as dificuldades de uma modernidade assim homogeneizada senão a global rejeição do "moderno" enquanto tal e, notadamente, do princípio de autonomia e da temática do humanismo. A conseqüência certeira é um *antimodernismo radical,* agindo como impasse sobre a capacidade crítica que a referência aos valores da subjetividade ainda pode guardar, hoje, contra as ameaças externas ou internas que pesam sobre a democracia.

3. Desse ponto de vista, experimento certo constrangimento, nos dias de hoje, quando vejo empreendimentos filosóficos que me são simpáticos considerarem líquido e certo que o "paradigma do sujeito" ou que a "consciência" estejam esgotados. Dizendo isso, penso evidentemente na versão mais recente dessa denúncia da filosofia do sujeito, fornecida pelo pensamento contemporâneo em nome do necessário reconhecimento

O indivíduo

da atividade de comunicação enquanto constitutiva da humanidade do ser humano. As teses defendidas por J. Habermas, me parece, não apenas cometem injustiça em relação ao princípio de subjetividade, mas são também testemunhas de lastimável erro de estratégia filosófica e intelectual no que diz respeito à retomada da confusão entre sujeito e indivíduo.

Em *Le Discours philosophique de la modernité* (O discurso filosófico da modernidade) (1985), Habermas esforça-se para avaliar, com auxílio de sua gênese, os discursos contemporâneos que, fascinados pelo jogo das estruturas sociais, psíquicas ou lingüísticas, proclamaram a "morte do homem". Projeto bastante próximo, pelo menos em sua definição, daquele que L. Ferry e eu adotamos em *La Pensée 68* (O pensamento 68) (1985), seguindo proposta totalmente autônoma em relação à de Habermas – o que explica o fato de, quando nosso livro foi traduzido (*Antihumanistisches Denken*, Hanser, 1987) na Alemanha, ter sido freqüentemente recebido como "habermasiano", o que se constitui em surpreendente erro de apreciação, cujo teor eu gostaria de circunscrever aqui.

Com o intuito de levar seu projeto a bom termo, Habermas questiona a proveniência, consagrada pelo uso em alemão (notadamente em Manfred Frank), da expressão "neo-estruturalismo" – a saber, as diversas correntes resultantes, especialmente na França, da tra-

Conclusão

dição nietzsche-heideggeriana (Bataille, Foucault, Derrida, Deleuze, Lyotard, etc.). Para tanto, ele remonta até a virada que, em sua opinião, se produziu na filosofia, no final do século 18. Até então, a modernidade estabelecera e explorara o paradigma do sujeito, essa instância que, a partir de uma reflexão de si, se situa como consciência e liberdade, opondo-se a um mundo de objetos. Segundo Habermas, esse esquema clássico era minado por um paradoxo: nele, o sujeito era concebido destacado do objeto, mas devendo, ao mesmo tempo, para realizar-se, referir-se ainda assim àquilo que não estava nele, a fim de conhecê-lo e transformá-lo com sua ação. Assim exposto a temíveis dificuldades, esse dispositivo viu seus principais elementos sendo atacados em sucessivos assaltos. Habermas lembra insistentemente esse fato em seu livro: há quase dois séculos, existe um contradiscurso inerente à modernidade. Kant foi o primeiro a tentar revisar o Iluminismo. Depois dele, a reflexão crítica da modernidade sobre si mesma não mais cessou de radicalizar-se. Para escapar das aporias da filosofia da consciência, Hegel acreditaria ultrapassar, numa razão mais abrangente, a cisão criada pela razão moderna entre o sujeito e o objeto. Essa tentativa foi prolongada por Marx: nele, uma razão encarnada na práxis social crê reconciliar-se com o real. Em compensação, com Nietzsche apareceu um estilo de crítica que, ao contrário, contestava o próprio projeto do su-

O indivíduo

jeito moderno de incluir na razão aquilo que lhe é heterogêneo: em vez de se sobrepor à cisão do Eu e de seu Outro, tratou-se, a partir daí, de liberar aquilo que a razão havia querido sujeitar, fazendo ressurgir o Outro, negado ou esquecido por uma subjetividade que se colocava como o Absoluto. Ora, é partindo desse gesto nietzscheano que Habermas propõe sedutora reconstrução do conjunto da filosofia contemporânea: essa liberação da alteridade poderia ser compreendida, conforme explica, de duas maneiras:

— A primeira, conduzindo a Heidegger e a Derrida, deveria opor à tirania identitária da razão uma "diferença" que o sujeito não mais poderia pretender reduzir: diferença ontológica em Heidegger, residindo em enigmática dimensão do real — a do Ser ou da existência — que escapa a qualquer identificação de um objeto pelo sujeito que conhece; diferença que Derrida volta a situar, por seu lado, no próprio cerne da linguagem, mostrando que o processo de significação jamais remete a um significado originário, identificável como aquilo de que os significantes seriam apenas a expressão.

— Paralelamente, outra posteridade de Nietzsche se realiza, via Bataille, em Foucault: a alteridade que deve ser liberada de toda inclusão na razão aparece, então, como a da vida enquanto impulso em direção ao poder ou em direção àquilo que Bataille denominava "soberania". Desse lado, a modernidade alimentou todo um

Conclusão

processo de reflexão acerca do poder, do assujeitamento e das resistências que ele suscita; a obra de Foucault sem dúvida representa o melhor exemplo dessa reflexão.

Esse detalhado reexame da filosofia contemporânea é, em meu entender, totalmente apaixonante. Declara que o pensamento francês dos anos 60 não era absolutamente uma explosão *sui generis* e que, portanto, só poderia ser avaliado recolocado em sua justa dimensão: a de uma excrescência, por vezes talentosa, daquilo que na Alemanha foi o contradiscurso filosófico da modernidade. Em compensação, guardo reservas quanto à dimensão crítica dessas análises: contrariamente ao que se poderia crer, Habermas acusa a filosofia francesa não de ter querido subverter a idéia de sujeito (fato pelo que, pessoalmente, censuro Derrida ou Foucault), mas, ao contrário, de não ter sido realmente bem-sucedida e de ter permanecido prisioneira de um paradigma esgotado. Buscando o negativo perfeito da razão despótica, os neo-estruturalistas produziram, na realidade, apenas sua imagem invertida: longe de fugir das miragens de uma consciência moderna que se queria o fundamento de qualquer verdade e de qualquer valor, eles teriam apenas logrado distinguir, para aquém da consciência, uma estratificação mais profunda (Ser, vontade de poder, poder), sobre a qual repousaria, em última instância, o verdadeiro ou o bem. De certa forma: um supersujeito, conservando a função fundadora do sujeito metafísico. Em suma, o horizonte da filosofia do sujeito seria transposto, aqui, apenas para permanecer em sua sombra, e só uma mudança radical de paradigma seria capaz de permitir um autêntico evitamento dos impasses do pensamento moderno.

Como é do conhecimento comum, Habermas, bem como K. O. Apel, encontrou essa renovação há muito na idéia da "razão comunicacional", com que substitui, no quadro de sua "ética da discussão", a da "razão centrada no sujeito". Não preciso desenvolver aqui essa tese já muito divulgada: Habermas estimava que a filosofia moderna, concebendo a razão independente da linguagem, pensava o Eu a partir de sua relação consigo mesmo e com o objeto; a "virada lingüística" do pensamento contemporâneo obrigaria, ao contrário, a considerar que o Eu não se constitui senão a partir das relações interpessoais: no lugar do paradigma do sujeito, dominante até então mesmo onde parecia ser negado, impor-se-ia, portanto, o da intercompreensão entre os participantes de uma interação mediada pela linguagem.

Esse diagnóstico (sobre o mal que estaria minando a filosofia do sujeito) e esse prognóstico (sobre aquilo que poderia remediá-lo) acarretariam longa discussão, que não está em meus propósitos. Gostaria apenas de formular aquilo que, na posição defendida por Habermas, me parece derivar de um duplo erro de aprecia-

Conclusão

ção, suscetível de encerrar prematuramente a discussão sobre a idéia do sujeito em sua relação com a problemática do indivíduo e do individualismo.

Um primeiro equívoco de apreciação repete, de forma paradoxal e infeliz, o que foi cometido pelos seguidores de Foucault e Derrida: uma vez derrubadas as ilusões da consciência e da liberdade soberana (que ninguém procura recolocar em cena), tornar-se-ia necessário — justifiquei acima tal questionamento — renunciar a esse ideal de autonomia que foi expresso, a seu modo e talvez de forma menos homogênea do que o pensado por Habermas, pelas filosofias do sujeito? E se a renúncia a tal ideal fosse nociva (notadamente, para pensar a ética e o direito), não conviria, em vez de se propor suplantar o pensamento de 68 (o que Habermas faz, definitivamente, ainda que nem sempre o perceba), assumir o incontornável projeto de pensar o sujeito sob novos ângulos? Existe aí, em meu entendimento, um erro de apreciação sobre o que deve ser hoje a tarefa primordial da filosofia.

Um segundo erro de avaliação talvez explique o primeiro: Habermas acredita que o paradigma do sujeito ou da consciência prescreveu, porque estima que seja um paradigma solipsista que, desde o *linguistic turn* (o qual implica que a linguagem, isto é, a relação com o outro, comande a emergência da relação consigo) não é mais pertinente. Esse diagnóstico apresenta a sedução

O indivíduo

da radicalidade, mas nele vejo um equívoco procedente, de fato, de nova homogeneização da história da subjetividade, que consiste (diga-se de passagem, à maneira de Heidegger) em fazer do cogito cartesiano, efetivamente solipsista, a verdade da idéia de sujeito — como se, na história da subjetividade, o pensamento do sujeito seguisse, nesse aspecto, a reboque de Descartes.

Seguramente, não resta dúvida de que toda uma tendência da filosofia moderna, a partir da emergência cartesiana da subjetividade, se incline para o solipsismo. Sem dúvida, a monadologia leibniziana — conforme já sugeri — expressa essa opção até melhor do que o cartesianismo, ao convidar a pensar, entre mônadas rigorosamente independentes umas das outras e que "não possuem comunicação entre si", uma ordem ou um acordo (uma "harmonia") procedente de sua "causa comum", a saber, Deus. Não voltarei à espantosa analogia que se estabelece, assim, entre o universo leibniziano, em que as individualidades monádicas coexistem sem comunicar e em auto-suficiência, e o universo democrático tal qual Tocqueville o descreve, como que atravessado pela dinâmica da atomização do social e pelo culto daquilo que Benjamin Constant denominava "independência individual" e em que enxergava a marca da liberdade dos Modernos. Entretanto, toda a questão reside em saber, uma vez tendo sido reconhecida essa analogia, se tal repressão da comunicação deve ser

Conclusão

debitada, conforme acredita Habermas, na conta da filosofia do sujeito enquanto tal.

Essa questão equivale a perguntar-se se a monadologia leibniziana pode verdadeiramente constituir, como Heidegger acreditou (e conforme também parece pensar Habermas), satisfatória ilustração desse paradigma do sujeito, que dominaria toda a modernidade filosófica. Como se deve ter compreendido a partir do último capítulo deste livro: nada me parece ser mais duvidoso. A subjetividade, tal como emerge com o humanismo moderno, define-se por duas características: a auto-reflexão (a transparência diante de si) e a autofundação ou, se preferirmos, a autonomia, o fato de outorgar a si mesmo a lei pela qual pauta seu agir. Mas, em Leibniz, a teoria das "pequenas percepções" ou "percepções inconscientes", verdadeiro surgimento filosófico da idéia de inconsciente, intervém para impor, desde já, uma fratura radical ao sujeito humano, ao introduzir incontornável opacidade na relação do "sujeito" consigo mesmo. É mister voltar a esse ponto, tamanha é sua importância: a idéia de autofundação perde aqui todo sentido, já que a ordem do real remete, de fato, à causalidade de Deus, inscrevendo em cada mônada, por meio da lei que a programa, o princípio de sua harmonia com todas as outras. No que diz respeito à mônada leibniziana, melhor seria, portanto, em vez de sobre autonomia, falar sobre desdobramento espontâneo (em toda independência) de sua própria determinação. Em suma, mais do que aos valores do humanismo e da subjetividade, a monadologia parece se ligar, por antecipação, aos do individualismo, em que a independência é dominante em relação à autonomia.

Ora, se nos esforçamos precisamente para diferenciar com zelo sujeito e indivíduo, autonomia e independência, humanismo e individualismo, como não perceber que a idéia de sujeito, justamente na medida em que ela não se reduz à do indivíduo (à do Eu em sua singularidade), na medida em que ela implica, ao contrário, uma transcendência, uma ultrapassagem da individualidade do Eu, comporta nela a intersubjetividade e, assim, a comunicação em torno de uma esfera comum (a da verdade, teórica ou prática)? Na medida em que a idéia de sujeito corresponde não ao valor (individualista) da independência, mas ao da autonomia (humanista), nela está incluída, por definição, a relação com o outro: quando, para expressar a exigência que define a autonomia, eu digo que me submeto à lei que eu próprio me outorguei, a irredutibilidade do segundo "eu" ao primeiro (irredutibilidade que é precisamente a do sujeito ao indivíduo) implica de fato que o sujeito leve em conta essa relação com a humanidade que o constitui enquanto tal (como sujeito).

Assim, Habermas comete, em meu entender, singular erro de perspectiva ao acreditar que, para reintro-

Conclusão

duzir essa relação com o outro na reflexão sobre a humanidade, é necessário fugir do paradigma, supostamente solipsista, do sujeito. Em primeiro lugar, trata-se de equívoco histórico: na história da subjetividade, não faltaram filosofias, notadamente em Kant e Fichte, para tematizar explicitamente essa inscrição da intersubjetividade na subjetividade. Quando Kant e Fichte formulam que "o homem só se torna homem entre os homens" ou que "o conceito do homem não é o do indivíduo, mas o de um gênero", o fazem ao cabo de um enunciado no qual denunciam no solipsismo uma ilusão do sujeito sobre si mesmo: ilusão possível, decerto, mas não fatal, que a seus olhos o criticismo, por meio da desconstrução das metafísicas do sujeito que ele opera, possibilita contornar ao fazer ressurgir a intersubjetividade como condição da subjetividade. Nesse sentido, não é, pois, evidente que, mesmo de um ponto de vista simplesmente histórico, seja seriamente justificável a homogeneização das filosofias do sujeito sob um mesmo paradigma supostamente esgotado, porque solipsista.

Mas, fato mais grave, o erro é também estratégico e implica a própria determinação das tarefas de uma filosofia possível. Porque, se se trata hoje (com o que concordo absolutamente) de restituir seus direitos a um pensamento autêntico da intersubjetividade ou da comunicação, o comportamento mais em conformidade com tal objetivo consiste, sem dúvida, não em tentar fugir, mais uma vez e talvez uma vez a mais, do paradigma do sujeito, mas de recompô-lo de maneira crítica (isto é, levando em conta as ilusões que ele pode gerar), particularmente contra suas dissoluções individualistas.

É precisamente para poupar as problemáticas do sujeito e da comunicação, que eu acredito profundamente indissociáveis, desse tipo de mal-entendidos ou de equívocos que me parece tão indispensável, hoje, indo contra todas as leituras homogeneizantes (heideggerianas ou habermassianas), voltar a problematizar, a partir de sua história, essa idéia moderna da humanidade, que foi tão freqüentemente e com demasiada facilidade considerada homogênea e unívoca. Longe de achar que essa idéia possa ser considerada necessariamente num mesmo dispositivo intelectual (supostamente "solipsista"), é mister, sem dúvida, aprender a distinguir, em sua própria história, diversas figuras modernas do humanismo e vários humanismos modernos, sendo que nem todos ou todas são compatíveis, na mesma condição ou no mesmo grau, com a perspectiva da comunicação. Da mesma forma que a noção de "metafísica da subjetividade", forjada por Heidegger e retomada por seus discípulos para designar o principal dispositivo intelectual da modernidade, não dá conta das fraturas inscritas no desenvolvimento da modernidade filosófica, a referência a um "paradigma do sujei-

Conclusão

to" não me parece viável: em ambos os casos, efetivamente cria-se uma espécie de "obstáculo filosófico" (no sentido em que se falava outrora de "obstáculo epistemológico") que hipoteca gravemente, para a discussão do sujeito, as chances de fugir do atoleiro das polêmicas e dos autos de intenção.

Essa discussão, como deve ter sido percebido, é apenas acadêmica, e o que entra em jogo ultrapassa de longe a preocupação, decerto legítima, mas de abrangência limitada, de corrigir a representação da trajetória que os Modernos puderam seguir filosoficamente. Essas reflexões sobre a questão do sujeito, que não são dirigidas primordialmente aos historiadores da filosofia, só atingirão seu objetivo se forem capazes de contribuir para a fundação de uma nova crítica da modernidade. A derrocada do fantasma marxista de um futuro radiante pôde, durante um tempo, parecer favorecer plenamente uma crítica neoconservadora de tipo heideggeriano: contudo, as dificuldades que foram salientadas aqui lhe são intrínsecas, e isso muito além da maneira em que, no próprio Heidegger, essa crítica poderia estar politicamente comprometida.

Não obstante, tal comprometimento não havia sido produto do acaso, da mesma forma que não o foi o da crítica marxista com seu "descaminho" stalinista. Independente de efetuar-se em nome de um futuro radiante ou de uma reação tradicionalista, a crítica total do mundo moderno, na medida em que é necessariamente um anti-humanismo, leva a enxergar no projeto democrático o próprio protótipo da ideologia ou da ilusão metafísica; nesse sentido, tal estilo de crítica é estruturalmente incapaz de assumir as promessas da modernidade. Mas é precisamente aí que residem os lances mais urgentes da problemática do sujeito, compreendida como questão do humanismo: organizar espaço, entre a crítica externa (que é também, porque externa, uma crítica total) e adesão "colaboracionista" ao presente, para outro tipo de discussão das sociedades contemporâneas.

Não se trataria minimamente de renunciar à crítica enquanto tal, mas, em vez disso, de tomar consciência do fato enigmático de que o universo democrático não pára de fazer promessas que nem sempre é capaz de cumprir. De uns 15 anos para cá, iniciou-se uma virada na França, que fez surgir entre nossos melhores intelectuais uma prática da crítica que se poderia denominar pós-foulcaultiana, na medida em que já não consiste em diabolizar pura e simplesmente as instituições do mundo moderno (a escola, o asilo, o tribunal), mas procura questionar-se de modo mais responsável acerca das condições de um funcionamento dessas instituições que as possa tornar mais fiéis às próprias exigências da modernidade. Deslocamento que não enfraquece minimamente, em seu princípio, o potencial subversivo da

Conclusão

crítica, na medida em que esse potencial corre o risco de ser bem mais eficaz quando se apóia nos princípios e valores do presente, do que aquele que outrora se acreditava poder buscar em um futuro longínquo ou um passado perdido. É necessário, porém, para que tal enfraquecimento seja evitado, que certas condições possam ser preenchidas. Desejei mostrar, nestas breves reflexões, por que motivo não é procedente a apreensão do mundo moderno dar-se de acordo com esse paradigma individualista (neotocquevileano), cuja chegada ao primeiro plano freqüentemente acompanhou essa recente conversão dos intelectuais a uma ética da responsabilidade.

Para legitimar tal mudança no estilo da crítica, dever-se-ia de fato ser capaz de atribuir, à referência ao sujeito inerente a todo pensamento democrático, a legitimidade e a precisão que tão freqüentemente ainda lhe faltam nos dias hoje. O déficit de legitimidade decorre da confusão, induzida pela tradição heideggeriana, entre metafísica da subjetividade e humanismo; o déficit de precisão, da propensão neotocquevileana para identificar sujeito e indivíduo, humanismo e individualismo, autonomia e independência: por falta de uma consciência clara do que abarcam os termos dessas duplas, o questionamento sobre o presente é privado de instrumentos conceituais que, colocando à mostra a profunda heterogeneidade inerente ao mundo moderno, permitem apreensão mais diferenciada, isto é, mais justa, deste último, de sua cultura e de suas instituições. Acrescentarei que tal déficit conceitual corre o risco de custar muito caro também em relação a um certo número de questões "práticas".

Voltemos, para medir esse risco, aos problemas particularmente sérios gerados, nas sociedades individualistas, pelo questionamento dos *limites* entre o lícito e o ilícito. Nas sociedades em que os referenciais tradicionais desapareceram, o campo de escolhas possíveis torna-se infinito, e o indivíduo se depara, por definição, com a questão de saber até onde ele pode e deve ir — quer se trate de interromper suavemente a vida de um recém-nascido anormal, de confiar um embrião a uma mãe de aluguel que pode ser, ela mesma, a mãe ou a irmã da mãe biológica, de negociar o aluguel de um ventre materno ou, ainda, no *continuum* que se estende do tabaco à heroína, de situar o ponto em que começa o consumo ilícito de uma droga. Questionamentos que dizem respeito à sociedade, evidentemente, se ela prentende traçar com acuidade a fronteira do proibido, mas também ao indivíduo, colocado diante de uma multiplicidade de opções disponíveis naquilo que, de ora em diante, constitui um mercado, quer seja o da droga, o dos embriões ou dos úteros substitutos.

Caso se examine, então, os conceitos que é mister mobilizar para obter respostas ponderadas nessas áreas,

Conclusão

torna-se claro que a concepção da liberdade em termos de independência individual deixa a reflexão gravemente prejudicada: como fixar, em nome de tal concepção da liberdade, limites a práticas ou a comportamentos que, conforme é notadamente o caso no campo da toxicomania, também mobilizam, para legitimar-se, reivindicações de liberdade individual? Ademais, a maneira mais comum de resolver a aporia (a liberdade individual teria como limite seu encontro com a liberdade de outrem) aplica-se bastante mal ao exemplo evocado, já que se trata aqui de fixar limites a comportamentos com freqüência estritamente privados, que dizem respeito mais à relação do indivíduo consigo mesmo do que com o próximo. Tanto é assim que a dificuldade mencionada corre o risco, desde já, de tomar a forma de verdadeira aporia, de natureza a alimentar o discurso laxista: nas sociedades que fazem da liberdade (como independência) seu valor supremo, como achar mecanismos de freio para comportamentos que podem reivindicar o direito individual de dispor de sua própria existência, de se auto-explorar e, mesmo, de ir além de si mesmo?

Diante de tal impasse do paradigma individualista, as reflexões aqui esboçadas procuraram expor a convicção de que só se poderia fixar limites, nas sociedades democráticas, em nome daquilo que constitui, junto com a igualdade, o valor supremo de tais sociedades, isto é, a liberdade compreendida como autonomia.

O indivíduo

A aporia evocada só surge, com efeito, se, cedendo à vertigem individualista, se reduz a liberdade à "liberdade sem regras" da independência. Em compensação, não seria legítimo, em nome de uma ética da autonomia constitutiva de um mundo de valores e normas em torno das quais, transcendendo nossas individualidades, logramos nos harmonizar e comunicar, colocar em causa as formas extremas desse descaminho individualista que, ao rejeitar toda normatividade e cultivar exclusivamente o valor de independência, privilegia apenas a preocupação consigo mesmo? Mais concretamente, essa distinção entre independência do indivíduo e autonomia do sujeito é a única a fornecer os meios de conferir, no quadro moderno, um mínimo de pensabilidade a um critério de delimitação, como, por exemplo, no campo do consumo de drogas, entre o lícito e o ilícito.

No plano pragmático, a solução apontada consiste freqüentemente em defender que o consumo de certas substâncias, se por um lado permite ao indivíduo afirmar sua independência em relação à realidade, por outro, se paga com a dependência ao produto consumido, bem como aos agentes que o vendem. Observação justa, com a ressalva de que essa articulação de independência e dependência vale tanto para o tabaco como para as drogas pesadas, e que ela acarretaria, caso não se especificasse seu teor, um tratamento não diferenciado para o consumo ou comercialização do tabaco e da

Conclusão

heroína — fato que se distancia do objetivo perseguido quando se formula a questão de saber onde começa o ilícito. Para dispor de um critério funcional, sem dúvida não basta também afirmar que a dependência é menor no caso do tabaco do que no das drogas pesadas: efetivamente, como medir a dependência? A questão do critério ou limite encontra-se, assim, mais deslocada do que verdadeiramente resolvida.

Vem daí esta sugestão: tomar como fio condutor, para resolver esse tipo de questão, a perspectiva segundo a qual uma sociedade fundada sobre os valores do humanismo não pode aceitar a livre circulação de substâncias cujo mero consumo prive o homem de sua dignidade. O humanismo moderno repousa sobre a valorização do homem enquanto sujeito (fundamentalmente, autor) de seus atos e de suas representações: a fronteira que separa lícito e ilícito é ultrapassada, de acordo com a lógica própria a nossos valores, assim que o abuso ou o simples consumo de um produto suscite, naquele que dele faz uso, efeitos tais, que não se possa mais conceber seus comportamentos como subsumíveis à idéia de tal sujeito ou, o que dá no mesmo, à idéia de liberdade compreendida como autonomia. Avaliado a partir de tal fio condutor, o consumo de tabaco, de álcool ou de heroína demanda, por pouco que se faça prova de boa fé, "sanções" diversificadas: ausência de proibição quando o uso, ainda que nocivo, não despossua o sujeito de sua subjetividade, interdição absoluta quando já não se possa enxergar no drogado um sujeito consciente e responsável, e repressão dos abusos quando apenas o excesso anule essa possibilidade. Entretanto, será necessário enfatizar até que ponto a explicitação desse critério salienta, por via indireta, o que há de delicado, especialmente no campo da toxicomania, na sanção jurídica de comportamentos cuja própria identificação como passíveis de perseguição mobiliza a convicção de que, por seu intermédio, o sujeito se encontre privado de sua subjetividade e, assim, de sua responsabilidade?

Seria ingênuo pretender resolver integralmente, graças a qualquer aparelhamento conceitual, problemas tão complexos. Pelo menos, não parece estar excluído o fato de que uma contribuição filosófica, tomando forma de esforço para conceitualização dos valores em questão e, mesmo, em conflito, na dinâmica das sociedades democráticas, possa ser de algum auxílio para esclarecer algumas das dificuldades com as quais essas sociedades se deparam cotidianamente e por razões que lhes são intrínsecas.

Bibliografia

- D. Bell, *Les Contradictions culturelles du capitalisme* (As contradições culturais do capitalismo), Paris, PUF, 1979.
- L. Dumont, *Homo aequalis, genèse et épanouissement de l'idéologie économique* (Homo aequalis, gênese e florescimento da ideologia econômica), Paris, Gallimard, 1977. *Essais sur l'individualisme, une perspective anthropologique sur l'idéologie moderne* (Ensaios sobre o individualismo, uma perspectiva antropológica da ideologia moderna), Paris, Le Seuil, 1983.
- A. Ehrenberg, *Le Culte de la performance* (O culto do desempenho), Paris, Calmann-Lévy, 1991. *L'individu incertain* (O indivíduo indefinido), Paris, Calmann-Lévy, 1995.
- L. Ferry, *Homo aestheticus, l'invention du goût à l'âge démocratique* (Homo aestheticus, a invenção do gosto na era democrática), Paris, Grasset, 1988.
- L. Ferry, A. Renaut, *68-86. Itinéraires de l'individu* (68-86, Percursos do indivíduo), Paris, Gallimard, 1987.
- A. Finkielkraut, *La Défaite de la pensée* (A derrocada do pensamento), Paris, Gallimard, 1987.
- M. Gauchet, *Le Désenchantement du monde. Une histoire politique de la religion* (O desencanto com o mundo. Uma história política da religião), Paris, Gallimard, 1985.
- J. Habermas, *Le Discours philosophique de la modernité* (O discurso filosófico da modernidade), trad., Paris, Gallimard, 1985.

O indivíduo

- Chr. Lasch, *Le Complexe de Narcisse* (O complexo de Narciso), trad., Paris, Le Seuil, 1979.
- E. Lévinas, *Humanisme de l'autre homme* (Humanismo do outro homem), Paris, Livre de Poche, 1987.
- G. Lipovetsky, *L'Ère du vide. Essai sur l'individualisme contemporain* (A era do vazio. Ensaio sobre o individualismo contemporâneo), Paris, Gallimard, 1983. *L'Empire de l'éphémère. La mode et son destin dans les sociétés modernes* (O império do efêmero. A moda e seu destino nas sociedades modernas), Paris, Gallimard, 1987. *Le crépuscule du devoir. L'éthique indolore des nouveaux temps démocratiques* (O crepúsculo do dever. A ética indolor dos novos tempos democráticos), Paris, Gallimard, 1992.
- A. Renaut, *L'Ère de l'individu. Contribution à une histoire de la subjectivité* (A era do indivíduo. Contribuição a uma história da subjetividade), Paris, Gallimard, 1989.
- P. Rosanvallon, *Le Sacre du citoyen. Histoire du suffrage universel en France* (A sagração do cidadão. História do sufrágio universal na França), Paris, Gallimard, 1992.
- R. Sennett, *Les Tyrannies de l'intimité* (As tiranias da intimidade), trad., Paris, Le Seuil, 1979.
- A. de Tocqueville, *De la Démocratie en Amérique* (Da democracia na América), tomos I e II, Paris, Garnier-Flammarion, 1981.
- L. Trilling, *Sincérité et Authenticité* (Sinceridade e autenticidade), trad., Paris, Grasset, 1994.